デザコン
2013

in 米子

official book

CONTENTS

デザコン 2013 in 米子
official book

- 4 　大会趣旨
  「デザイン」から「エンジニアリング・デザイン」へ——かえる
  文：玉井 孝幸

- 8 　**空間デザイン部門**
  課題テーマ　未来の町家商店街
- 10 　本選
- 15 　審査委員長講評
  「時間的概念」を踏まえて提案する　　文：貝島 桃代
- 17 　審査委員紹介
- 18 　受賞作品
  最優秀賞（日本建築家協会会長賞）
  石川高専『Over the Canal　路地と水路のある風景－せせらぎ通り商店街－』
  優秀賞
  米子高専『蔵端コミュニティー』
  仙台高専（名取）『花火と生きるまち大曲』
  審査委員特別賞
  米子高専『Rentable=120%』
  熊本高専（八代）『引出町家』
- 24 　本選作品

- 32 　予選
  予選審査評
  未来の町家商店街　　文：貝島 桃代
- 34 　予選作品一覧

- 40 　**構造デザイン部門**
  課題テーマ　4点支持構造物の耐荷力コンテスト

- 42 　本選
- 45 　審査委員長講評
  より強く、より軽く、より美しく　　文：丸山 久一
- 46 　審査委員紹介
- 50 　受賞作品
  最優秀賞（国土交通大臣賞）　米子高専『火神岳の希』
  優秀賞
  米子高専『阿弥陀川乃水澄』
  小山高専『Reinforce Tristar』
  日刊建設工業新聞社賞
  仙台高専（名取）『上遠野流・手裏剣～よみ「がえる」～』
  審査委員特別賞
  舞鶴高専『橋たちぬ～耐えねば～』
  石川高専『りったいパズル』
- 55 　本選上位作品
- 64 　本選作品

- 74 　**環境デザイン部門**
  課題テーマ　もっと豊かな湯のまち

- 76 　本選
- 81 　審査委員長講評
  競争と交流を通した大きな学び　　文：山崎 亮
- 83 　審査委員紹介
- 86 　受賞作品
  最優秀賞（文部科学大臣賞）
  釧路／米子／サレジオ高専『日本一友だちの多い街 皆生！へ』
  優秀賞
  阿南／米子／大阪府立大学高専『ボードウォーク』
  仙台（名取）／明石／有明高専『松葉ガニが結ぶ地域のつながり』
  審査委員特別賞
  阿南／石川高専『Try!! Athlon!!　3つの競技で地域こうけん』
  釧路／阿南高専『高齢促進街』
  阿南／サレジオ／明石高専『皆生とトモに』

92 予選
　　予選審査評
　　皆生温泉は、どのテーマでいけるのか　　文：山崎 亮
94 予選作品一覧

98 **創造デザイン部門**
　　課題テーマ　エンジニアリング・デザインを学ぶための子どもワークショップを考える

100 本選
101 審査委員長講評
　　新しい試みとしての「子どもワークショップ」　　文：ムラタ チアキ
105 審査委員紹介
106 受賞作品
　　最優秀賞（全国高等専門学校連合会会長賞）
　　明石高専『まちカードばとる！！』
　　優秀賞
　　釧路高専『Made in earth!（アースバッグ秘密基地）』
　　米子高専『僕の私の秘密基地をつくっちゃおう！（自分たちだけの秘密基地を作ろう！！）』
　　審査委員特別賞
　　呉高専『アーチボックス』
　　サレジオ高専『かさでアート』
　　舞鶴高専『目で見えるようで見えない木（目だけでは見えない木の魅力）』
112 受賞作品審査講評

120 予選
　　予選審査評
　　ソーシャルデザインを学ぶこと──予選審査講評に代えて　　文：ムラタ チアキ
122 予選作品一覧

126 **全国高等専門学校 3 次元ディジタル設計造形コンテスト**
　　課題テーマ　ポテンシャル・エネルギー・ビークル

128 本選
131 審査委員長講評
　　記号の世界で、ものづくりを体験　　文：岸浪 建史
133 審査委員紹介
136 受賞作品
　　CADコン大賞（国立高等専門学校機構理事長賞）
　　茨城高専『Push out Machine』
　　優秀賞
　　鹿児島高専『チェストイケ』
　　呉高専『F.O.D.』
　　審査委員特別賞
　　北九州高専『次世代ビークル：MONOWHEEL』
　　熊本高専（八代）『アース・ウィンド・アンド・ファイアー』
141 本選上位作品
144 本選作品

146 **合同ディスカッション**
　　空間デザイン部門×環境デザイン部門×創造デザイン部門

150 **付篇**
　　特別講演会　授賞式
152 大会スケジュール
153 会場案内図
154 応募状況一覧
156 デザコンとは？　デザコンの歴史
157 大会後記

＊本書に記載している「高専」は、工業高等専門学校および高等専門学校の略称
＊本書に記載している作品名はエントリーシートの記載の通り

>> 大会趣旨　MEANING

「デザイン」から「エンジニアリング・デザイン」へ
──かえる

玉井 孝幸
全国高等専門学校デザインコンペティション 2003 in 米子 開催地委員会 [*1] 実施統括責任者（米子高専）

大会 10 回目を迎えたデザコン

　全国高等専門学校デザインコンペティション（以下、デザコン）の開催は、この米子大会で 10 回を数える。デザコンは、これまで全国を 8 つに分けたブロックを順に巡回しながら、各ブロック内の 1 校が主管校（デザコンを地元ブロックで開催する際に、主となって運営する学校）となり、毎年開催してきた。今年はその 2 巡目のスタートにあたる記念すべき大会でもあった。

　1977 年に明石工業高等専門学校（以下、高専）と米子高専の 2 校によって始まった、デザコンの前身にあたる「建築シンポジウム」にまで遡れば、取組みとしての歴史は 35 年を超えている。建築設計製図の向上を目的とした「建築シンポジウム」のめざした大会趣旨は、くしくも、今年度より同一日開催となった全国高等専門学校 3 次元ディジタル設計造形コンテスト（以下、CAD コン）と同じものであった。

　この 2 つの大会は、今後統合する方向で検討されている。統合後は、分野を横断する多様な人材をも受け止め、現在の単なる「デザイン」から分野を広げた「エンジニアリング・デザイン」を新たな共通のキーワードとした大会に成長するであろう。

デザコンの歴史と時代を振り返る

　さて、本大会のメインテーマを決めるにあたり私たちは、改めて過去を振り返った。

　現在のデザコンのスタイルは、1999 年から 5 回開催された「全国高専建築シンポジウム」での公開設計競技がもとになっている。当時は「著名な建築家から直接指導を受けたい」と志を同じくする高専の学生が学校の枠にとらわれず集う場であり、「学生の相互研鑽と相互理解」がその目的であった。

　2004 年に「デザコン」として第 1 回大会が石川高専で開催され、第 4 回の周南大会で現在の空間デザイン・構造デザイン・環境デザイン・ものづくり（今回は創造デザイン部門）の 4 部門構成となった。この間に大会の内容も大きく変容してきた。高専間で開かれる他のコンテストと同様に、学校対抗の色が強くなり、「全国高専建築シンポジウム」の頃に比べて「競技」「競争」の様相になってきたように思う。

　また、大会の運営は、できるだけ手間がかからない方向へとシフトした。特に、ものづくり部門は、制作中の過程までをも審査の対象とした「ものづくりの精神」を重視する内容の競技から、作品の完成度の高さと設計コンセプトを重視する競技へと変わってきた。

　さらに、応募作品の課題テーマを設定するようになった 2011 年頃の社会状況は、脱原子力と再生可能エネルギーへの変換が大いに社会をにぎわす反面、経済界では一定量の原子力発電の必要性について議論されていた。しかし、3.11 東日本大震災の発生以前に問題視されていた「地球温暖化を防ぐための CO_2 削減」についてはほとんど議論されることはなく、資源を化石燃料に頼ろうという世論が大勢を占めていた。

デザコンの原点に返る、
大変革時代に自らが変えていく
──かえる

　このようなデザコンの歴史観をもとに、エネルギー問題に端を発した大変革時代に向けて、今回のメインテーマを「かえる」とした。受動的な「変わる」ではなく、あえて能動的な言葉にしたのは、次世代を担う学生らに託す思いを込めたメッセージでもあった。

「環境デザイン部門」のワークショップ

　この能動的なメインテーマのもと、まず復活させたのは、「環境デザイン部門」のワークショップ形式であった。過去の公開競技の精神と同じように、同じ志をもつ学生同士が集まって議論し、著名な建築家に直接指導される濃密な時間を提供したかった。

「ものづくり部門」を「創造デザイン部門」に

　次に従来の「ものづくり部門」の競技方法は、良い物を作れば売れるという時代が過ぎ去り、世界的な流れを生み出せる創造力を求められている現代、時代のニーズに合わないと考えた。そこで「ものづくり部門」から「創造デザイン部門」と名称を改め、内容を、「もの」→「こと」＝コンセプト創造提案型へと変えた。

　しかし、課題の作成が非常に難しかった。結果的に「子供ワークショップの企画・運営」として、「子供に何を伝えるのか、そのための仕組みをどのように企画・設計するのか」という運営方法をも含めた提案を求めた。

　創造デザイン部門は、今後の技術者育成の中心となり、JABEE [*2] が求め、高専の教育理念でもある「創造性」を育む教育を具現化するための部門だと考えている。

「構造デザイン部門」は新たな構造形式に挑戦

「構造デザイン部門」では、長年課題としてきた単純支持梁構造について、2012年の小山大会で、形状や合理性など応募作品のなかに一定の終息を見たと感じた。そのため今回は、新たな構造へのチャレンジを期待し、立体的な構造物を対象とした課題を設定した。

会期中にも提案を改善「空間デザイン部門」

「空間デザイン部門」は、デザコンの原点であり、予選の参加作品数も多い部門だ。しかし、本選に進めるのはわずか10作品という狭き門だった。今年度は、本選参加作品数を増やしたいという思いから予選通過を20作品とし、応募提案を大会期間中にもブラッシュアップしながら審査に対応することを期待して、本選も2段階のセレクション（予備選考）方式とした。しかし、事務局側の事情により本選の1日目は指導、2日目に審査、という方式に変更となり、結果的に予備選考はなかった。とはいえ、期間中に応募作品のブラッシュアップがみられ、当初の目標は達成できたと思う。

1つのテーマに2年間取り組む「CADコン」

最後にCADコン。これは独立行政法人国立高等専門学校機構[*3]が主催するコンテストで、一般社団法人全国高等専門学校連合会[*4]が主催するデザコンとは主催が異なる。これまでに5回開催され、参加の中心は機械系学科の学生だ。

CADコンでは、課題に応じて、3次元CADで解析した強度や空力などをもとにモデル（作品）を設計。3次元プリンターで造形したモデルで競い、その性能を検証する。

大会の趣旨は前述の通りだが、2年間かけて1つの課題テーマに取り組むことを通して、課題に対する提案の醸成を狙っていることと、今後、各校のPBL教育[*5]のために課題集をまとめることもめざしている。

今年度のデザコンは、このような考えや思想のもと、各部門の課題や企画を作成し、運営してきた。

例年よりも進化した課題や企画に対して、真摯に取り組んでくれた学生たち、指導にあたった各校の教職員、そして審査を担当した審査委員は、本当に大変であっただろうと推測する。この場を借りて、改めて関係者各位に感謝の意を表したい。

註

*1　全国高等専門学校デザインコンペティション2013 in 米子 開催地委員会：主管校（今回は米子高専）の校長を委員長とし、実施統括責任者の下、各部門の部門長とスタッフ、事務局からなる組織。

*2　JABEE：一般社団法人日本技術者教育認定機構。大学等の高等教育機関の工農理系学科で実施している技術者育成に関わる教育を認定する機関。JABEEの認定制度は、学生個人の資格認定や教育機関の認証評価ではなく、教育プログラムの内容と水準が、国際的に通用する技術者の教育として適切かどうかを評価するもの。全国の高専での技術者教育は、JABEEの審査により、教育プログラムの内容と水準が国際基準にあると認定されている。

*3　独立行政法人国立高等専門学校機構：全国の国立高専51校（2014年3月末現在）を設置、運営している。目的は、職業に必要な実践的かつ専門的な知識と技術をもつ創造的な人材を育成するとともに、日本の高等教育の水準の向上と均衡ある発展を図ること。

*4　一般社団法人全国高等専門学校連合会：国立、公立、私立の高専の連合組織。全国の高専の体育大会やさまざまな文化系クラブ活動の発展を助け、心身ともに健全な学生の育成に寄与することが主な目的。

*5　PBL教育：PBL（Project-Based LearningまたはProblem-Based Learning）とは、「課題解決型学習」ともいわれる。工学が関わるさまざまな事象について、情報収集や分析などを通して、目標の解決を図る学習方法のこと。解決手法や結果に解はなく、創造性を育むための教育手法の1つである。

背景イメージは「全国高等専門学校デザインコンペティション 2013 in 米子」パンフレットより

米子大会での構造デザイン部門は、これまでの課題と違い、非対称荷重が作用する４点支持構造物について、その耐荷力、比強度、耐荷力予測精度、ならびに美しさを競うものであり、既存の構造システムや詳細にこだわらない自由な発想での応募作品を期待します。審査委員長：
門では、ワークショップ形式によって、鳥取県米子市にある皆生温泉の活性化への提案を求めます。このワークショップには皆生温泉の旅館関係者も参加を予定しており、実現の可能性と独自性とのバランスがとれた提案になることを目指しています。皆生温泉をフィールドとして
さ」の意味を問い直す概念図などを提出してもらい、４人グループ×６チーム程度となるように予選通過者を選定します。本選では高専・学科混成を原則とするグループを編成した上で、皆生温泉に宿泊しながらワークショップによって皆生温泉のもっと豊かな活用提案を考えても
参加する学生には、皆生温泉を題材にして、そこに関わる様々な人々の本当の「豊かさ」とは何なのか、どうすれば「豊かさ」を増幅できるのかを多角的に考えて欲しいと思います。審査委員長：山崎亮（コミュニティデザイナー　京都造形芸術大学教授・studio-L代表）■創造デ
えて、モノもコトも含めて、デザイン本来の価値を創造する部門としました。創造デザイン部門としての最初の課題は、高専生の専門性を生かし、「エンジニアリングデザインを学ぶための子供ワークショップを考える」としました。本選では、実際に子供たちを相手に、ワークシ
ークショップコレクション主催　NPO法人CANVAS理事長）■デジタル設計造形コンテスト　「ポテンシャル・エネルギー・ビークル」米子大会から、これまで５回行われていた通称ＣＡＤコンを同一日開催することになりました。３次元ＣＡＤを用い、モデリング・解析を行い、
計技術力を競います。３Ｄプリンター未所有の高専でも、担当校で造形し参加することができます　（材料費は国立高専の場合無料、公・私立高専の場合実費負担）。なおＣＡＥ解析ソフトを所有していない高専には「SolidWorks」期間限定ライセンスの貸与を受けることができま
系　教授）審査委員：鈴木新一（豊橋技術科学大学　機械工学系　教授）
高専主催■公開設計競技「地方商店街活性化の契機となる施設」審査委員長：伊東豊雄　建築家　伊東豊雄建築設計事務所　審査委員　：桶野朝昭　鳥取県建築士事務所協会会長　脇田祥尚　島根県立島根女子短期大学講師　■講演会「21世紀の建築像」伊東豊雄　2000年第2回全
石川高専主催
まちに住む」　会場ディスカッション　2001年第3回全国高等専門学校建築シンポジウム　明石高専主催　■設計競技部門「17歳のｗｅｅｋｅｎｄ」　審査委員：内藤 廣　建築家　内藤廣建築設計事務所　東京大学大学院工学系研究科社会基盤工学専攻助教授
長　■講演会　内藤廣　2002年第4回全国高等専門学校建築シンポジウム呉高専主催
5回全国高等専門学校建築シンポジウム米子高専主催　■設計競技部門「再生」審査委員：隈研吾　建築家　隈研吾建築都市設計事務所　慶応義塾大学理工学部教授　■ワークショップ部門　「現代アートミュージアム」審査委員：隈 研吾
康宏　福井大学大学院教授　コメンテーター：照田繁隆　石川県土木部参事　浅野哲洋（社）金沢青年会議所地域創造室室長　高専校長：天野徹　徳山高専校長　亀井信雄　都城高専校長　□ものづくりワークショップセッション　「座ってまちをみつける
、鶴岡洋一（呉）、田中雅及（徳山）、出田麻衣（八代）、石原裕太（米子）ゲスト審査員：盛直昭　津幡森林組合　■設計競技部門□構造デザインコンペティションセッション　「ブリッジコンテスト」
木村一郎（松江）、原隆（徳山）、太田貞次（高松）、笹田修司（阿南）、黒岩哲夫（高知）、上原修一（有明）、岩坪要（八代）、内谷保（鹿児島）□木造住宅デザインコンペティションセッション　「帰りたくなる家」審査員長：熊谷昌彦　米子高専建築学科教
建築事務所代表取締役社長　山中省吾　オープンネット（株）代表取締役社長　□複合住居デザインコンペティションセッション

■講演会　「最新作について」妹島和世

2005年第2回

全国高等専門学校デザインコンペティション明石高専主催
ィション　「水辺の共生空間」　審査員：篠原修　東京大学大学院工学系研究科教授　横河健　建築家　（株）横河設計工房代表取締役日本大学理工学部教授　山田 一成　兵庫県東播磨県民局長
・ジャパン統括責任者　■講演会「モノづくりはコトづくり」　横河健　「都市の水辺をデザインする」　篠原修
原田隆典　宮崎大学工学部土木環境工学科教授　■環境デザインコンペティション　「山間の生きられる空間」　審査員：竹下輝和　九州大学大学院人間環境学研究院都市・建築学部門教授
レード」　審査員：有馬孝禮　宮崎県木材利用技術センター所長　東京大学名誉教授　南雲勝志　デザイナー　ナグモデザイン事務所代表
長　■講演会　「何故いま木材か」　有馬孝禮

井正嗣　長岡技術科学大学工学部環境・建設系教授　加藤史郎　豊橋技術科学大学建設工学系教授　渡邊陽二郎　若築建設（株）取締執行役員土木事業部門担当　パスタブリッジ特別ゲスト：Jeung-HwanDoh（ユンファンドウ）
「みちのあかり」　審査員：牛山泉　足利工業大学　副学長・足利工業大学総合研究センター長
学教授
ィション　「新まちなか居住施設」　審査員：重村力　建築家　神戸大学大学院建築学専攻教授　アメリカ建築家協会名誉フェロー　藻谷浩介　ＮＰＯComPus地域経営支援ネットワーク理事長
■ものづくりコンペティション　「動物園ファニチャー」
会会員、岩国の文化を育てる会理事　■講演会「環境問題と自然エネルギー利用」　牛山泉　「都市の環境再生と建築デザイン」　重村力

2008年第5回

全国高等専門学校デザインコンペティション高松高専（現香川高専）主催
郎　豊橋技術科学大学建設工学系教授　長井正嗣　長岡技術科学大学工学部環境・建設系教授
■環境デザインコンペティション　「郷土再生と環境保全の両立」　審査員：大橋昌良　広島大学大学院工学研究科社会環境システム専攻地球環境工学講座教授
建築家　アトリエUDI都市設計研究所　カーフリーデージャパン代表　■ものづくりコンペティション　「地域と人間の共生に向けて」　審査員：福田 知弘　大阪大学大学院環境・エネルギー工学専攻准教授
今井　邦郎　高松市都市整備部まちなか再生課長
高松市新町商店街振興組合理事長

形コンテスト　沼津高専主催　テーマ　「マグネットダーツ発射装置」

2009年第6回

全国高等専門学校デザインコンペティション豊田高専主催

さしさ」
境デザインコンペティション　「環境にやさしい水質浄化コンテスト」　審査員：坂部孝夫　坂部環境技術事務所所長　大東憲二　大同大学工学部都市環境デザイン学科教授　富田英治　国土交通省中部地方整備局
生活科学研究科教授　貴志雅樹　貴志雅樹環境企画室　富山大学芸術文化学部教授　堀部信康　堀部信康建築設計事務所
代表　花原喜之　エコデザイン市民社会フォーラム代表理事　斉藤 勝弘　顧問家

竹原義二　2009年第2回　3次元デジタル設計造形コンテスト　沼津高専主催

テーマ　「マグネットダーツ発射装置」

2010年第3回

3次元デジタル設計造形コンテスト　長野高専主催　テーマ「ビーズ・ポンプ」

2011年第8回

全国高等専門学校デザインコンペティション釧路高専主催

メインテーマ「デザインが起つ」

テーマ「ポテンシャル・エネルギー・ビークル」

返買飼換還変
孵還帰替代復替代
かえる変孵返廻復
廻復帰替代復替代
返買飼換還変

メインテーマ「かえる」

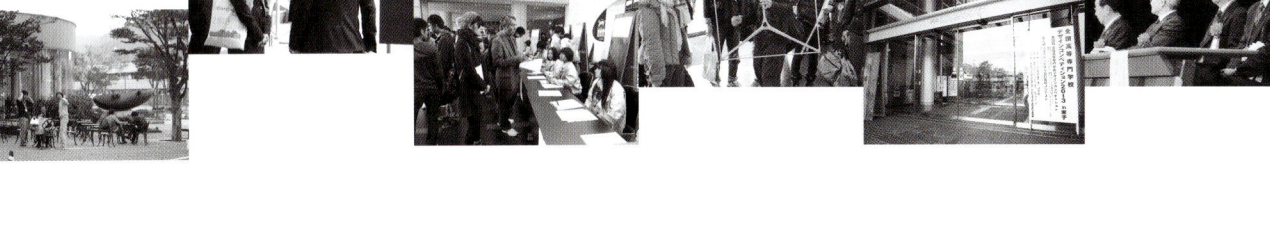

空間

デザイン部門

>>タイムライン TIME LINE

予選応募 — 115 — 予選 — 20 — 本選出場
2013/09/02-09　　2013/09/20

本選
2013/11/09
1　ポスターセッション

2013/11/10
2　最終プレゼンテーション
3　公開審査会 — 10

最優秀賞（日本建築家協会会長賞）
　　石川高専／Over the Canal 路地と水路のある風景
　　-せせらぎ通り商店街-
優秀賞　米子高専／蔵端コミュニティー
　　仙台高専（名取）／花火と生きるまち大曲
審査委員特別賞　米子高専／Rentable=120％
　　熊本高専（八代）／引出町家

>>課題テーマ THEME

未来の町家商店街

あなたのまちの町家の活用を考え、
未来の商店街のあり方を提案してください。

① あなたのまちの商店街にある町家を調査して、まちの歴史的な文脈からその建築的特徴と商い
　や住まいの様子をまとめてください。
② もしその町家について、現在おきている課題があれば、それをまとめてください。
③ 町家そのものと、その町家が建つ商店街に対して、その課題を解決する提案をしてください。
①②③の内容を含んだ、図面とコンセプトを提出してください。
＊「あなたのまち」とはあなたが知っているまちも含みます。

＊本書の文中や表中で記載している「高専」は、工業高等専門学校および高等専門学校の略称
＊作品名はエントリーシートの記載の通り

>>本選>>本選データ　DATA

空間

本選

課題テーマ＝「未来の町家商店街」
審査委員＝貝島 桃代［委員長］、中谷 礼仁、山代 悟
応募条件＝3人までのチームによるもの
応募数＝115作品（247人、17高専）
ポスターパネル総数＝306枚

本選審査
日時＝2013年11月9日（土）～10日（日）
会場＝米子コンベンションセンター BiG SHiP 国際会議場
本選提出物＝
プレゼンテーションパネル：予選応募パネルの内容をブラッシュアップすることが望ましい（A1判パネル3枚以内）
模型：大きさや数は幅1,800mm×奥行900mmのスペースに展示できる範囲のもの
プレゼン用データ：USBフラッシュメモリーに保存したデータ。最終プレゼンテーションで使用

審査過程＝
日時：2013年11月9日（土）13：00～18：00
1　ポスターセッション
参加数：20作品（50人、10高専）
日時：2013年11月10日（日）
2　最終プレゼンテーション　9：00～12：00
参加数：20作品（50人、10高専）
3　公開審査会　12：00～13：00
参加数：10作品（24人、8高専）

10 ｜ デザコン2013 in YONAGO

>> 本選概要　OUTLINE

各作品に対する応援も白熱

＊文中の応募作品名は、高専名『作品タイトル』（作品番号）または、高専名（作品番号）案、で表示

ポスターセッション

　当初は、ポスターセッション審査によって翌日の最終プレゼンテーション審査に進む10作品を選出する予定だったが、はじめに、審査委員長から、20作品すべてが最終プレゼンテーションに臨む方式に変更してはどうか、という提案が会場に向けてあり、これが了承された。この提案は、参加学生の一部が予選審査に立ち会っていたという事務局からの報告に対し、審査委員団が参加チームへの公平性を配慮して判断したものであった。

　そして、予選を通過した全20作品を作った学生たちが登壇することになった翌日の最終プレゼンテーションでは、ポスターセッションでのやり取りを踏まえて内容をブラッシュアップした提案を発表してほしいという審査委員からの要望が参加者に伝えられた。

　ポスターセッションは、審査委員3人がそろって各チーム（作品）の発表ブースを巡回して、質疑応答をするというかたちで進んだ。各チームの持ち時間は、発表7分、質疑応答7分。発表するチームの周囲には人だかりができた。他のチームの学生も聴衆として加わり、審査委員の発言から建築の考え方を学び取ろうと、また、自分たちの提案をさらによくするためのヒントをつかみ取ろうと、メモを取りながら熱心に耳を傾けていた。

最終プレゼンテーション

　最終プレゼンテーションは、5チームごとのセッション形式で進んだ。まず、5チームが連続してプレゼンテーションをした後で、審査委員がそれぞれの案に対する審査講評をまとめて述べるという方法だ。これが4回繰り返された。

　各チームは5分間の持ち時間のなかで、パワーポイントによる発表をベースに、チームによっては小型ビデオカメラで撮影した模型の映像を交えながら、審査委員と会場に向けてプレゼンテーションをした。それぞれのチームに対して、各審査委員からていねいな講評があった。

　全作品のプレゼンテーション終了後、別室に移動した審査委員たちは採点表の得点をもとに審議し、公開審査会に進出する10作品を以下のように決定した。

豊田高専『Sprawl Scroll』（8）
米子高専『Rentable=120%』（45）
呉高専『宮島大文字窓』（48）
小山高専『みんなの街、わたしの庭』（54）
米子高専『蔵端コミュニティー』（58）
石川高専『Over the Canal 路地と水路のある風景』（66）
明石高専『AGRI-Dormitory』（77）
仙台高専（名取）『花火と生きるまち大曲』（102）
米子高専『つながるカタチ』（103）
熊本高専（八代）『引出町家』（106）

公開審査会

　公開審査会では、まず貝島審査委員長が、最終プレゼンテーションで選ばれた上位10作品の作品番号をホワイトボードに書き記し、会場に発表した。

　続いて、10作品を賞の対象となる上位5作品へ絞り込むために、最初の投票が行なわれ、各審査委員は、それぞれが推す5作品に票を投じた。その結果、満票の3票を獲得した石川高専『Over the Canal 路地と水路のある風景』（66）と2票を獲得した米子高専『Rentable=120%』（45）、米子高専『蔵端コミュニティー』（58）、熊本高専（八代）『引出町家』（106）の4作品がまず上位作品として選ばれた（表1参照）。

作品番号	高専名	貝島	中谷	山代	合計	
8	豊田			●	1	
45	米子	●	●		2	上位進出
48	呉	●			1	
54	小山			●	1	
58	米子		●	●	2	上位進出
66	石川	●	●	●	3	上位進出
77	明石			●	1	
102	仙台（名取）	●			1	審議の結果、上位進出
103	米子		●		1	
106	熊本（八代）	●	●		2	上位進出

表1　最初の上位5作品を選ぶ投票（1人5票）

　得票が1票だった残りの6作品については、議論を通してさらに審議された。そして、最終的に審査委員長が推す仙台高専（名取）『花火と生きるまち大曲』（102）が選ばれ、上位5作品が決定した。

　次に最優秀賞と優秀賞に当たる上位3作品に絞り込むため、2回目の投票を行なった。今度は、各審査委員より推したい2作品に票が投じられ、米子高専『蔵端コミュニティー』（58）が2票、他の4作品はそれぞれ1票を獲得した（表2参照）。

作品番号	高専名	貝島	中谷	山代	合計
45	米子			●	1
58	米子		●	●	2
66	石川		●		1
102	仙台（名取）	●			1
106	熊本（八代）	●			1

表2　上位3作品を選ぶ投票（1人2票）

　ここで、「会場も巻き込んだかたちで議論を進めたい」という貝島審査委員長の意向により、聴衆に向けて、各作品に対する応援演説の要請があった。学生でも教員でもよいという呼びかけに、各校の教員はマイクを手に取

>>本選概要　OUTLINE

空間

り、自校の学生案への補足説明や評価について力をこめた発言で応じた。

　票数だけで判断すると米子高専（58）案が上位に上がることになるが、それでよいのかという問いかけで、議論は再開された。米子高専（58）案に票を入れなかった貝島審査委員長は、その理由について、「全体的な計画については評価できる。しかし、『閉鎖的な空間』であることは、蔵のよさでもある。開放的な空間に変えてしまうことによって、本来の蔵のよさがなくなってしまうことには、建築的な危惧を感じる」と説明。また、中谷審査委員は票を入れた2案を比べて、「町家に新たな価値を加えている点から、石川高専（66）案のほうがすぐれている」と発言。その後、順次、各審査委員から自身の推す作品についての応援演説が続いた。

　そして議論は、「最優秀賞として1票入れるとしたらどの作品か」という段階へ進んだ。山代審査委員は米子高専（58）案、中谷審査委員は石川高専（66）案、貝島審査委員長は仙台高専（名取）（102）案を挙げる（表3参照）。票は完全に割れたが、この3作品が上位3作品と決まり、この中から各賞を選ぶことになった。

作品番号	高専名	貝島	中谷	山代	合計	
45	米子				0	
58	米子			●	1	上位3作品
66	石川		●		1	上位3作品
102	仙台（名取）	●			1	上位3作品
106	熊本（八代）				0	

表3　上位3作品を選ぶ2回目の投票（1人1票）

　その後も3作品を巡って議論は続き、次第に「最優秀賞にふさわしいのは米子高専（58）案と石川高専（66）案のどちらか」に絞られていった。

　「町家をどう残すか、どう育てるかという問いに石川高専（66）案のほうがすぐれた解答を出している」と貝島審査委員長が発言。山代審査委員は石川高専（66）案について、「提案するための場所を発見する力量は高い水準にあり、断面図の表現から地形の面白さも伝わってくる。しかし、建築のアイデアは十分に読み取れない」と指摘した。中谷審査委員は、「米子高専（58）案は現状への対応としては正解。しかし、石川高専（66）案のほうが、より長期的に対応するように考えられている点ですぐれている」と評価した。

　ここで、「どの作品も水準が高く互いに拮抗していて難しい審査だった」という貝島審査委員長が、ここまでの議論を踏まえて、石川高専（66）案を最優秀賞、米子高専（58）案と仙台高専（名取）（102）案を優秀賞、米子高専（45）案と熊本高専（八代）（106）案を審査委員特別賞に、と提案。これは、他の審査委員や会場に拍手をもって了承され、各賞が決定した。

（西川賢治・米子高専）

空間

審査委員長講評
「時間的概念」を踏まえて提案する

貝島 桃代
審査委員長

空間

　今回のコンペは、審査がとても難しかったです。みなさんの作品のできが良かったことと、それぞれの地域が抱えている問題に対して各提案がいろいろな解答をしっかりと出してきてくれたことで、甲乙付け難い議論となりました。

　今回の議論のなかで特に良かったと思うのは、「建築的な提案がどれだけ街の持続性について貢献できるか」について議論を進めるなかで、中谷審査委員が上手に整理してくれたように、最後は「時間的概念」を問うことになったことです。それは、今起きている問題について必要なのは、短い期間のなかでとにかく解答を出すべき「短期的」提案なのか、次の世代くらいまでに解答すればよい「中期的」提案なのか、100年、200年の歴史に対して解答を出すべき「長期的」提案なのか、を考えることが大切だということです。

　この時間的概念を踏まえて、最終的には、新たに提案する現代町家的な部分をどうすれば古い町家とつなげることができるのか、また、どうすれば街を活性化させるとともに、新しい町家の形式を生み出せるのか、についての議論になりました。この議論を通して、結果的に、プレゼンテーションと具体的な提案が魅力的な案が最優秀作品に選ばれたのです。

（2013年11月10日　合同ディスカッションでの発言より）

>>審査委員　JURY

審査委員長
貝島 桃代
（かいじま　ももよ）

建築家、筑波大学大学院准教授

1969 年　東京都生まれ
1991 年　日本女子大学家政学部住居学科卒業
1992 年　塚本由晴とアトリエ・ワン設立
1994 年　東京工業大学大学院理工学研究科建築学専攻修士課程修了
1996-97 年　スイス連邦工科大学チューリヒ校　奨学生
2000 年　東京工業大学大学院理工学研究科建築学専攻博士課程満期退学
2000 年 -　筑波大学大学院人間総合科学研究科　講師
2003 年　ハーバード大学大学院　客員教員
2005-07 年　スイス連邦工科大学チューリヒ校　客員教授
2009 年 -　筑波大学大学院人間総合科学研究科　准教授
2011-12 年　デンマーク王立アカデミー　客員教授

■主な建築（アトリエ・ワン）
ガエ・ハウス（東京都世田谷区、2003 年）、花みどり文化センター（東京都立川市、2005 年）、マド・ビル（東京都世田谷区、2006 年）、まちやゲストハウス（石川県金沢市、2008 年）、リンツ・スーパー・ブランチ（オーストリア、リンツ、2009 年）、愛・地球博記念公園 地球市民交流センター（愛知県愛知郡長久手町、2010 年）、スプリットまちや（東京都新宿区、2010 年）、みやしたこうえん（東京都渋谷区、2011 年）、イズ・ブックカフェ（静岡県伊東市、2012 年）など

■主な共著書
『アトリエ・ワン―空間の響き／響きの空』（共著、2009 年、INAX 出版）、『Behaviorology』（共著、2010 年、Rizzoli New York）、『建築からみた まちいえ たてもの のシナリオ』（2010 年、INAX 出版）など

審査委員
中谷 礼仁
（なかたに　のりひと）

歴史工学家、早稲田大学大学院教授

1965 年　東京都生まれ
1987 年　早稲田大学理工学部建築学科卒業
1989 年　同大学院修士課程修了
1989-92 年　清水建設設計本部　在籍
1992-95 年　早稲田大学大学院理工学研究科建築学専攻博士課程　在籍
1994-97 年　早稲田大学理工学部建築学科　助手
1996-99 年　早稲田大学理工学総合研究センター　客員講師
1999 年　大阪市立大学工学部建築学科建築デザイン　専任講師（建築史担当）
2005 年　同　助教授
2007 年　早稲田大学理工学術院創造理工学部建築学科　准教授
2010-11 年　日本建築学会発行『建築雑誌』編集委員会　委員長
2012 年　早稲田大学理工学術院創造理工学部建築学科　教授

■主な共著書
『国学・明治・建築家』（1993 年、波乗社）、『日本建築様式史』（太田博太郎監修、共著、1999 年、美術出版社）、『近世建築論集』（2006 年、アセテート）、『新訂日本建築辞彙　太田博太郎、稲垣栄三編』（共著、2011 年、中央公論美術出版）、『セヴェラルネス＋事物連鎖と都市・建築・人間』（2011 年、鹿島出版会）、『今和次郎「日本の民家」再訪』（瀝青会名義、共著、2012 年、平凡社）など

■主な受賞
日本建築学会奨励賞（論文、2000 年）、日本生活学会今和次郎賞、日本建築学会第 1 回著作賞（瀝青会名義、2013 年）など

審査委員
山代 悟
（やましろ　さとる）

建築家、大連理工大学客員教授

1969 年　島根県生まれ
1993 年　東京大学工学部建築学科卒業
1995 年　東京大学大学院工学研究科建築学専攻修士課程修了
1995-2002 年　槇総合計画事務所　在籍
2002 年　ビルディングランドスケープ共同設立　共同主宰
2002-07 年　東京大学大学院工学研究科建築学専攻　助手
2007-09 年　同　助教
2008 年 -　アーバンデザインのワークショップ CitySwitch 主宰（出雲、ニューカッスル、大連、清水など）
2010 年 -　大連理工大学建築与芸術学院　客員教授

■主な建築（ビルディングランドスケープ）
Slanting CAVE（東京都三鷹市、2005 年）、HOUSE H（島根県出雲市、2007 年）、spread（東京都世田谷区、2008 年）、STEPS（東京都世田谷区、2008 年）、神門通りおもてなしステーション（島根県出雲市、2012 年）、大連周水子小学校（中国遼寧省大連市、2013 年）など

■主な共著書
『僕たちは何を設計するのか』（共著、2004 年、彰国社）、『建築家は住宅で何を考えているのか』（共著、2008 年、PHP 研究所）、『まち建築』（共著、2014 年、彰国社）など

■主な受賞
グッドデザイン賞（2005 年、2009 年）、東京建築賞 戸建住宅部門 最優秀賞（Slanting CAVE、2007 年）、日本建築学会作品選集（Slanting CAVE、2008 年）など

空間

Over the Canal
路地と水路のある風景 - せせらぎ通り商店街 -

石川高専
木戸口 美幸◯／長江 晟那（建築学科５年）／
田村 奈巳（建築学科４年）
道地 慶子（担当教員）

米子2013
最優秀賞
日本建築家協会会長賞

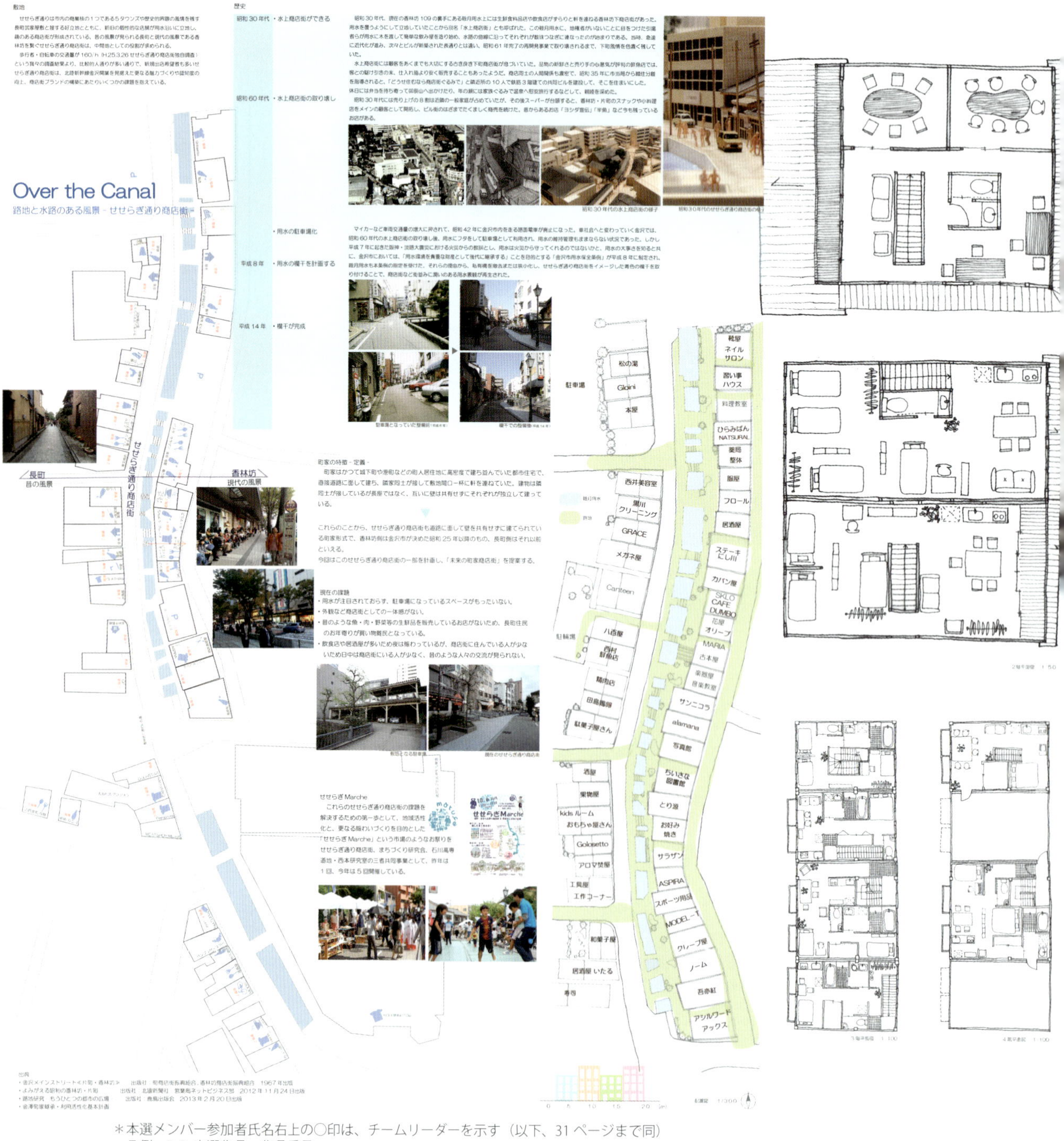

＊本選メンバー参加者氏名右上の◯印は、チームリーダーを示す（以下、31ページまで同）
凡例＝＞＞本選作品　作品番号

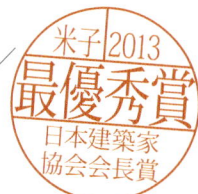

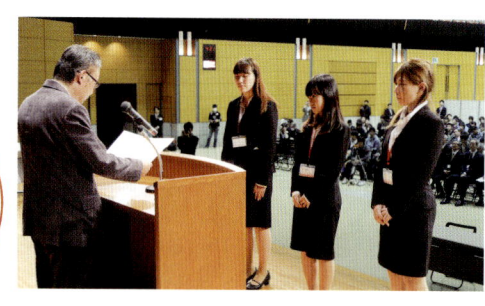

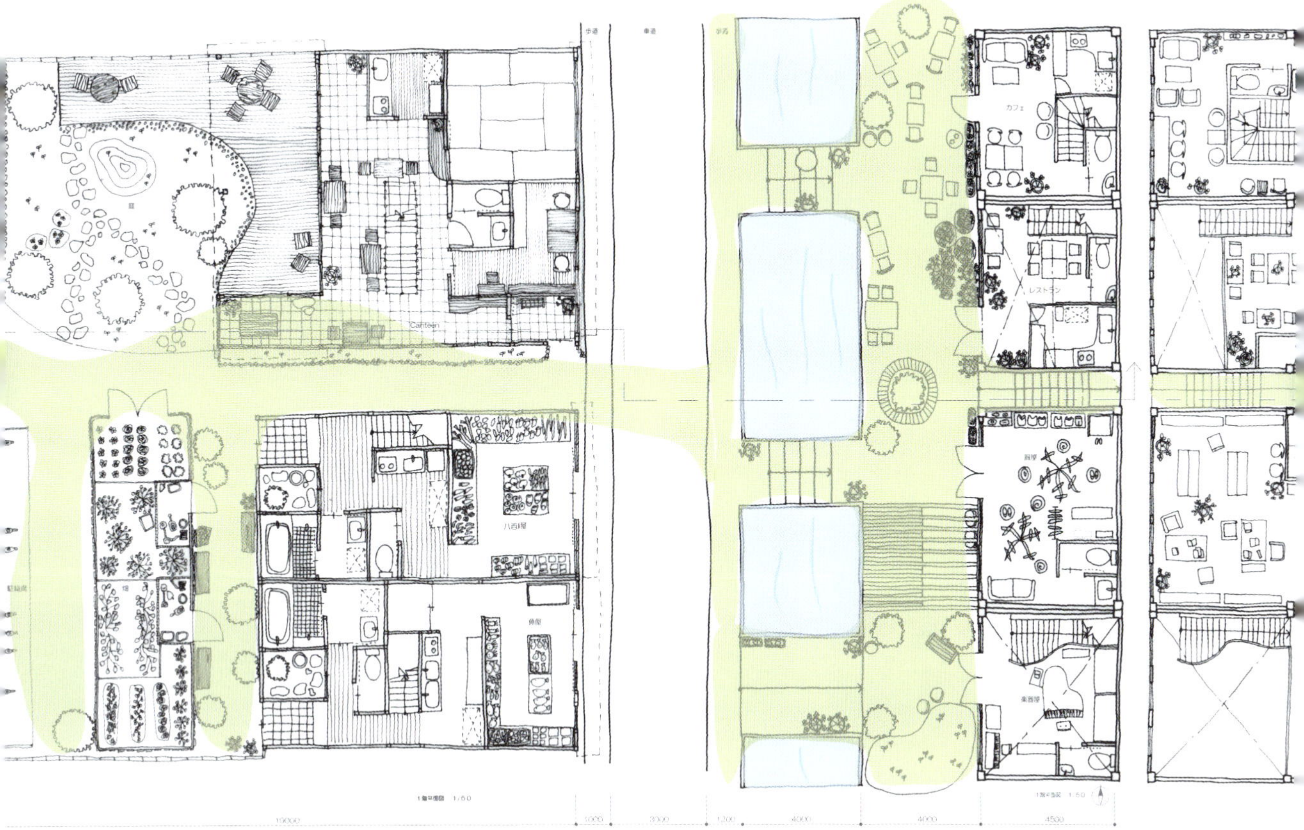

空間

路地の特徴・定義
かつての路地は、子どもが遊んだり老人が語ったりする空間であり、饗作業などが行われる仕事場としても活用され、屋外の生活空間であった。しかし、労働ないし余暇空間だったものが今日、路地という字をあてて「都市のなかの狭い通路」を意味し、交通空間へと変わってしまった。

提案
・用水路を中心にして、高低差をお店とお店の間を通り抜けられるところを数か所増やし、回遊性を持ちだす。
お店とお店の間を通り抜けるとそこには新しい飾り/ファサードがある。用水路を活かした路地と土地の高低差を活かした建築にすることにより、用水と高低差を活かした本来の意味の路地を作り、目よく賑わう路地での活動や交流を盛んにする。

・軒下での饗餉的の整備に加え、城下町の建物の外観もそれぞれのお店に個性を出しながら、統一感のあるものにする。吉林街側は、鉄筋コンクリート3・4階建ての現代風に、武家屋敷跡が残る長町側は、その形式を取り入れた1・2階建てに統一する。

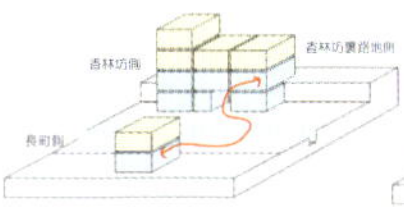

・吉林街側の建物の1・2階は商店、3・4階は住宅の店舗併用住宅を計画し、長町側のお店の人や商店街で働く人に入居してもらい、日中も夜中も賑わいのある商店街を目指す。

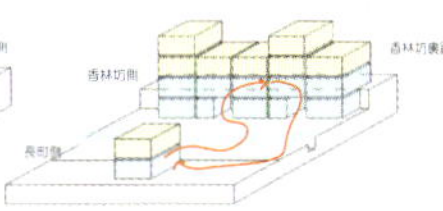

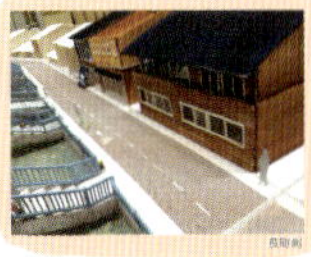

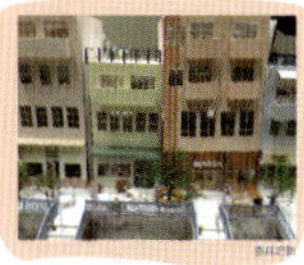

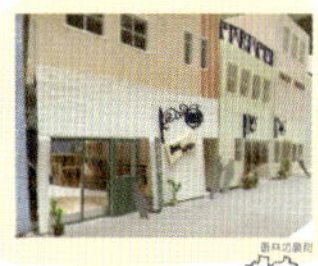

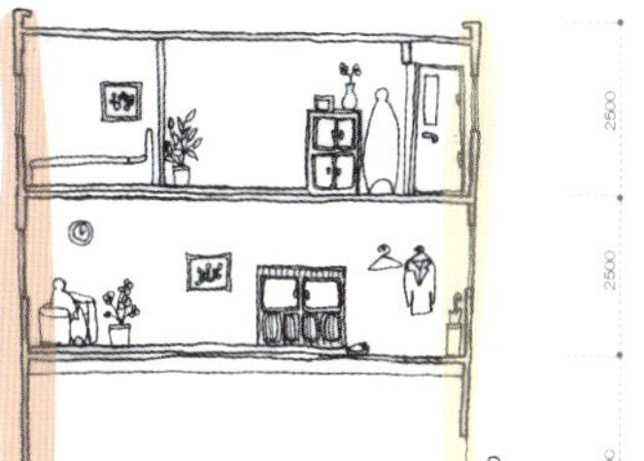

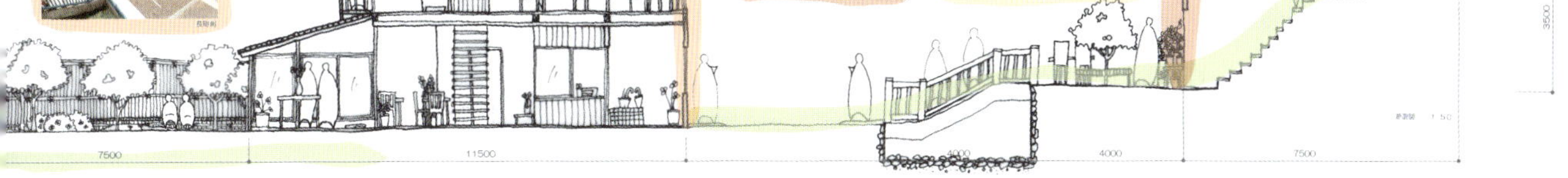

>>受賞作品>>本選作品58　WORK 58

空間

蔵端コミュニティー

米子高専

石川 奈瑠○／野津 美晴／薩摩 佳美
（建築学科4年）

西川 賢治／小椋 弘佳（担当教員）

取り巻く環境の変化
私たちの居場所はどこなのか
住民達による物語

1．分析（鳥取県倉吉市／倉吉打吹商店街）

〈商店街の大きな特徴〉

①重伝建に指定された地区

打吹山の山麓に位置しているこの商店街は江戸から大正時代にかけて絣や醤油、酒、人形、木綿などの商工業が盛んでこれらを保管する土蔵が玉川に沿って軒を連ねておりそしてその姿は昔のまま現在も残っている

②表通りと裏通り

本通りからの景観

裏通りの景観

③連続する多様な蔵とその使われ方の変化

蔵が連続して存在している西仲町と東仲町を比較してみる（川沿いより）

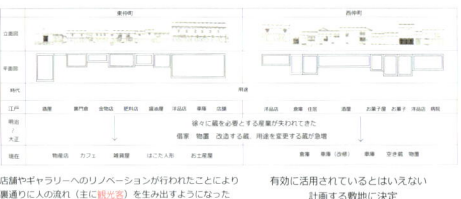

店舗やギャラリーへのリノベーションが行われたことにより裏通りに人の流れ（主に観光客）を生み出すようになった

④増えた観光客

蔵の用途は現在観光客に向けて改修が行われている（一部）
その効果なのか近年の観光客数は右肩上がりとなっている

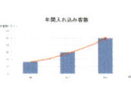

H9～H22　入込客数を示すD

⑤住民と玉川

裏の通りにある人口の川は川端という愛称で親しまれた。洗濯の使い場、防火用水など生活の場として利用されていた
近隣同士のコミュニケーションの場にもなっていたと考えられる

⑥観光客の歩くところの変化

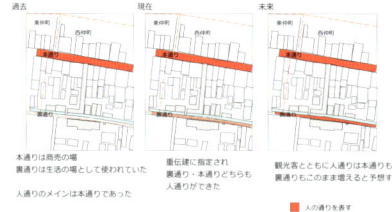

本通りは商の場
裏通りは生活の場として使われていた
人通りのメインは本通りであった

重伝建に指定され裏通り・本通りどちらも人通りができた

観光客とともに人通りは裏通りもこのまま増えると予想される

■人の流れを表す

2．未来〜現在を踏まえ未来へつなぐ私たちの居場所〜

〈問題点〉

・年々観光地化しているこの地区に住む住民の楽しむ場所はどこなのか？

観光客の目を気にせずに過ごしたい　子どもと一緒に遊ぶ場所がほしいな　家以外で趣味のできる場所…

・重伝建に指定されているため建物の景観を守らなければならない
・観光客＞住民　商店街になるのではないか？

〈未来の商店街の提案〉

重伝建地区に指定されてから住民の生活環境は変化し"人に見られる"ことが増えた
生活の場であった裏通りも白壁の立ち並ぶ土蔵群が有名な観光地になった
住民が心置きなく楽しめる場所はあるのだろうか

本通りと裏通りに挟まれた蔵を含む部分を
住民のためのコミュニティーの場と蔵端となづけます

相互の関係が大切

住民　観光客

〈観光客とのコミュニティー〉

年に数回だけ倉吉で行われているイベントと連動して
普段閉じている蔵端を住民以外にも開放し、住民と観光客との交流をはかり商店街全体の活性化にもつながる

「光の回廊」
7月と10月に玉川と本通りに沿って灯篭が並べられるイベント

灯篭作りを向かいにある蔵（夢扉）で行い設置する
またデッキや石橋にも灯篭を蔵端への回遊性をもたせる

また蔵端内部では集まる蔵でご飯を食べて
音楽の蔵でコンサートをしており聴くことができます

〈外観デザイン〉

正面は蔵とデッキをつなぐためにたくさんの開口部をもうけることでコミュニケーションの生まれるきっかけとした
玉川沿いは重伝建に指定されているため現在の姿のまま残している　　玉川沿いと蔵端内部でまったく違う印象にした

 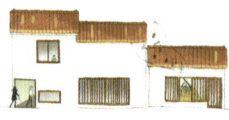  

正面から見た立面スケッチ

>>受賞作品>>本選作品102　WORK 102

花火と生きるまち大曲

優秀賞 2013

仙台高専（名取）
菅 貴哉（生産システムデザイン工学専攻2年）／
松川 その美（建築学科5年）／
大畑 順平（建築デザイン学科4年）

坂口 大洋（担当教員）

空間

気候

建築的特徴

地域（商店街）としての問題点

町家とショッピングセンター

花火と商店街

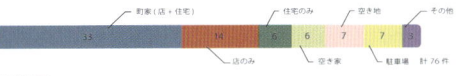

大曲の花火大会

商店街について　現在の商店街に馴染むように少しづつ繋がりながら変化していく。

現在

第一期

▼

第二期

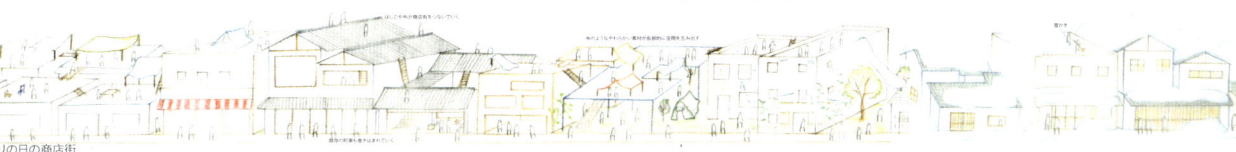

祭りの日の商店街

21

>>受賞作品>>本選作品 45　WORK 45

空間

Rentable=120%

米子高専

吉田 千紘○／遠藤 貴子（建築学専攻1年）

高増 佳子（担当教員）

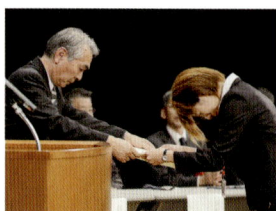

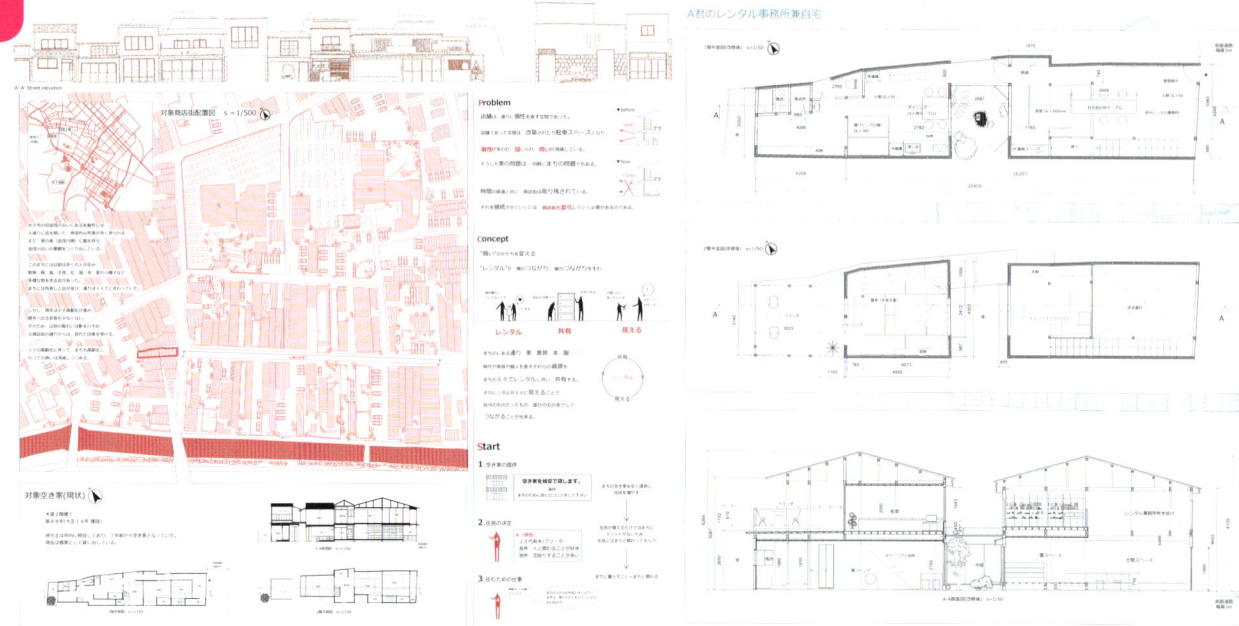

引出町家

熊本高専（八代）

丸田 悠理／重田 侑馬
（建築社会デザイン工学科4年）

勝野 幸司（担当教員）

空間

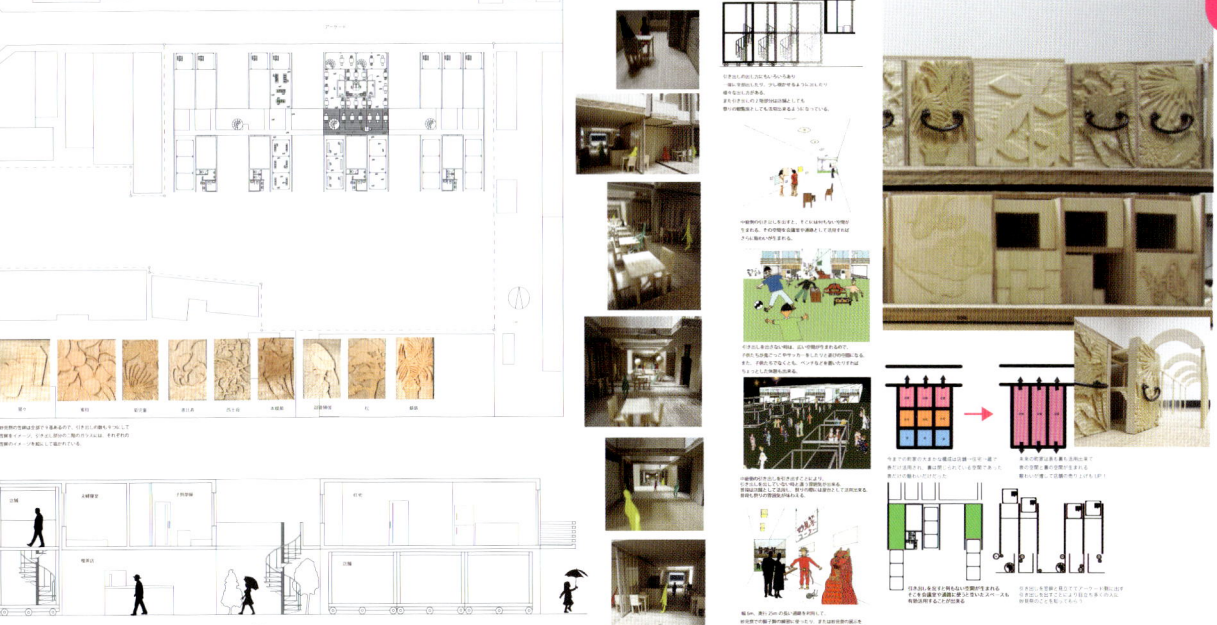

>>本選作品8　WORK 8

Sprawl Scroll

豊田高専

森 友宏○（建築学科4年）／
纐纈 一真（建築学科3年）

山田 耕司（担当教員）

>>本選作品17　WORK 17

つながりのかたち

米子高専

中田 朋幸○／高下 義博（建築学専攻1年）

高増 佳子（担当教員）

空間

>>本選作品 18　WORK 18

武勇 〜スポーツと酒〜

小山高専

久保 光之○（建築学科 5 年）／
高橋 優斗／飯ケ谷 豪紀（建築学科 3 年）

永峰 麻衣子（担当教員）

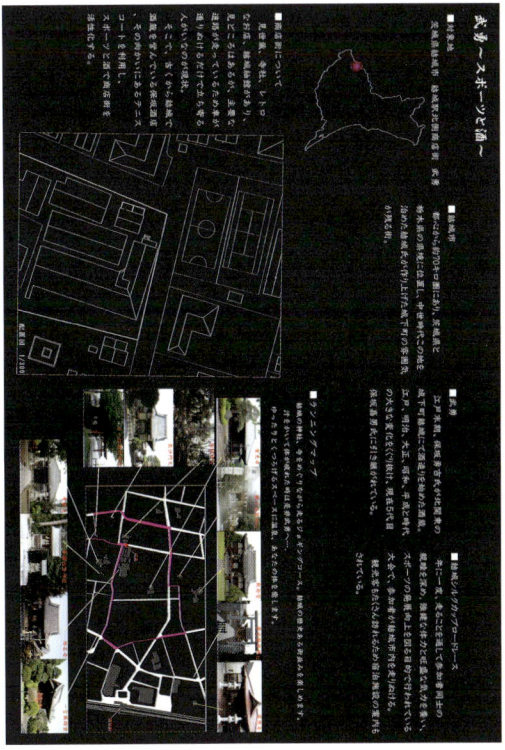

>>本選作品 32　WORK 32

表裏のある商店街
〜町家なか保育園〜

釧路高専

鳴海 舜○／久保 佳澄（建築学科 4 年）

千葉 忠弘（担当教員）

空間

>> 本選作品 34　WORK 34

あるいて[機能回復]×まわって[商店街]

石川高専

田中 寛人○／氷見 智伸／寺崎 千菜美
（建築学科 5 年）

村田 一也（担当教員）

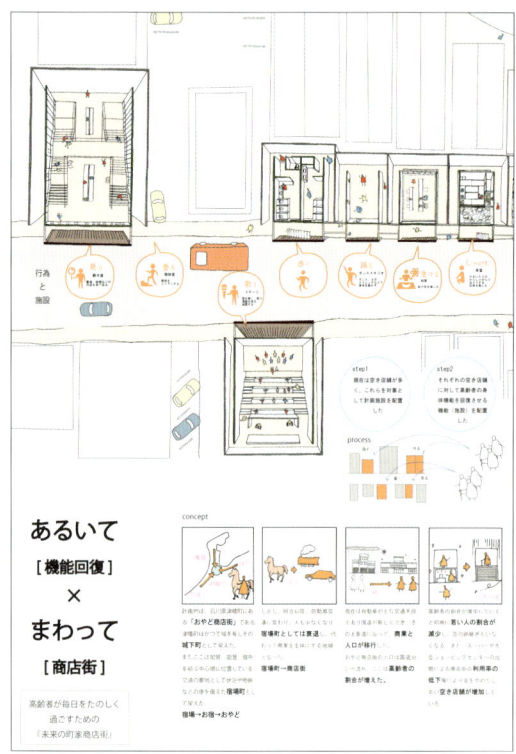

>> 本選作品 40　WORK 40

SNS ～ Social Networking Shotengai ～

大阪府立大学高専

岩見 健吾○／林 智之／吉尾 祐希
（総合工学システム学科環境都市システムコース 5 年）

三宅 正浩（担当教員）

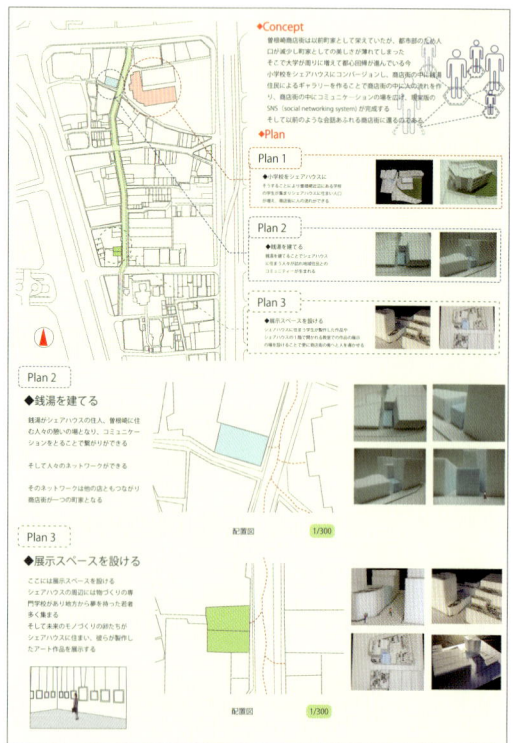

>>本選作品48　WORK 48

宮島大文字窓

呉高専
蛸瀬 大貴°／浜野 尊之／松浦 竜太郎
（建築学科 5 年）

間瀬 実郎（担当教員）

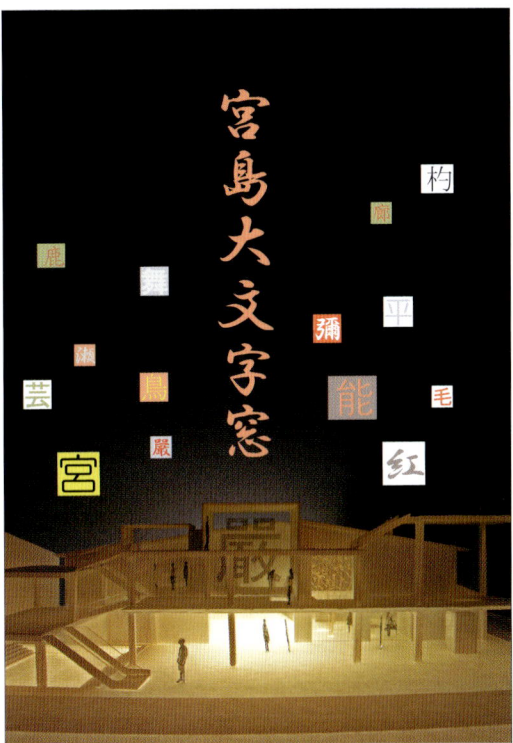

>>本選作品52　WORK 52

363/365
～祭と生きる町家商店街～

熊本高専（八代）
甲斐 早也香°／坂本 将磨／竹田 誠一朗
（建築社会デザイン工学科 4 年）

森山 学（担当教員）

空間

>>本選作品 54　WORK 54

みんなの街、わたしの庭

小山高専

橋本 啓汰○／萩原 あかり（建築学科5年）

豊川 斎赫（担当教員）

>>本選作品 70　WORK 70

アミダ町家
よりみち・マワリミチ・曲り道

熊本高専（八代）

水本 修平○／髙村 侑暉
（建築社会デザイン工学科4年）

森山 学（担当教員）

>>本選作品 74　WORK 74

かりるみち ～変化と生きる動と静～

米子高専
小谷 莉穂○／松本 萌夏／安部 夏緑（建築学科 4 年）

西川 賢治／小椋 弘佳（担当教員）

>>本選作品 77　WORK 77

AGRI-Dormitory

明石高専
渡邊 萌木○（建築学科 4 年）

八木 雅夫（担当教員）

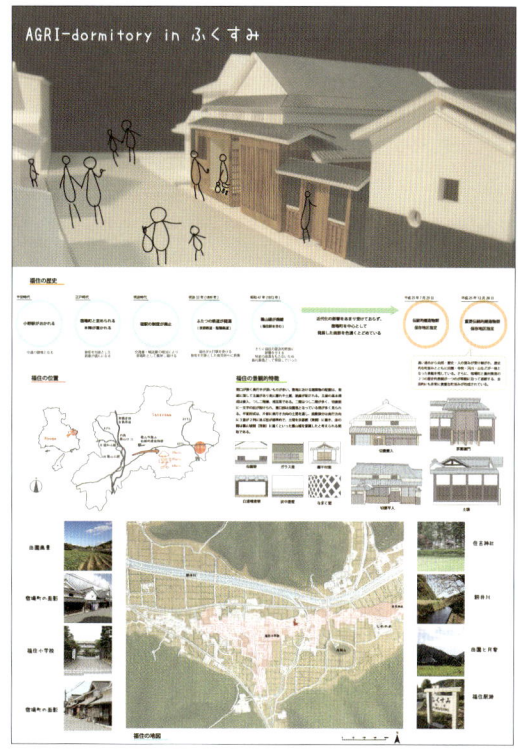

空間

>> 本選作品 98　WORK 98

町家と馬家の混在。そして一つに…

仙台高専（名取）
高野 昌洋○／酒井 俊史／星 歩美（建築学科 5 年）

坂口 大洋（担当教員）

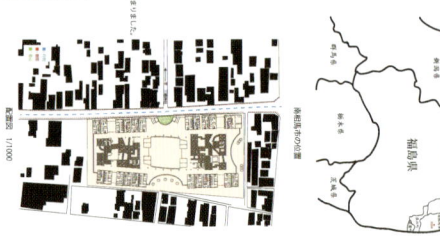

>> 本選作品 103　WORK 103

つながるカタチ
～商住分離形式による新しい商店街～

米子高専
石賀 恵太○／小泉 友伽菜／早瀬 果歩
（建築学科 5 年）

熊谷 昌彦／金澤 雄記（担当教員）

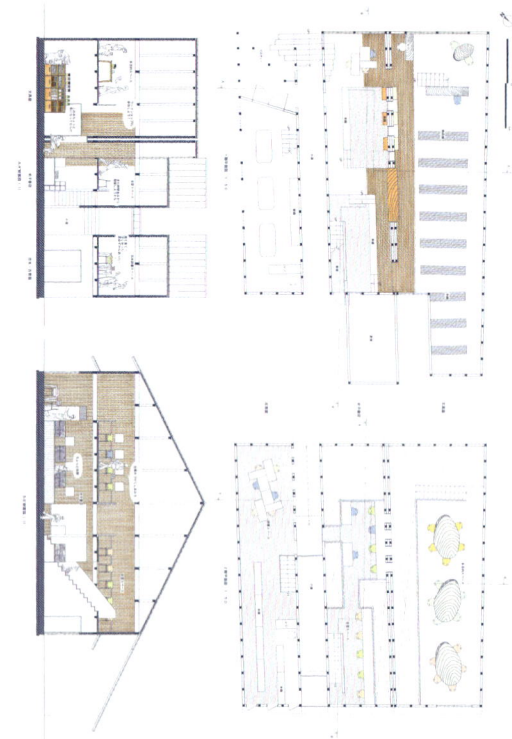

まち×高専

米子高専
景山 亮○／矢野 誠之（建築学科 4 年）

西川 賢治／小椋 弘佳（担当教員）

空間

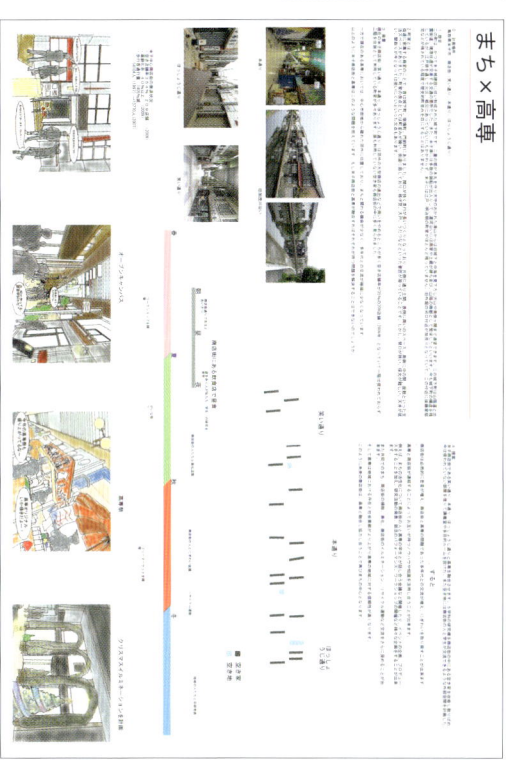

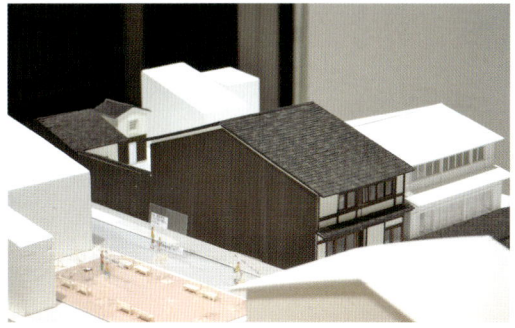

予選

予選審査評
未来の町家商店街

貝島 桃代
審査委員長

　予選は、中谷礼仁審査委員、山代悟審査委員とともに、厳選に審査しました。全国から集まった115作品には、さまざまなものがあり、また地元の商店街と思われる、同じ商店街を対象としたものも多く、私にとっても、高専ならではの、地域に根ざした教育を垣間見る大変よい機会となりました。

　今回本選に進む作品には、3つの点が共通しています。1つめは、商店街や町家の特徴から、未来の建築的な課題を指摘していること。2つめは、その課題に対する建築的な提案を町家の類型として示していること。つまり、単体の建物だけの問題ではなく、建物が連続する街並みを示していること。3つめは、それらを図面、模型などで上手に表現していること、です。

　さらに、これらの点について未熟ではあるものの、可能性を感じさせる作品については、予選通過作品として選んだ上で、それぞれに、本選に向けて取り組むべき課題を宿題として出しました。

　こうして迎える本選です。みなさんの地域の商店街や町家の魅力を、大いにアピールしてください。

　元気な発表を、楽しみにしています。

（2013年11月9日　本選時に会場にて掲示発表）

予選審査風景

応募作品はすべて本選の会場に展示された

>> 予選審査概要　OUTLINE

空間

予選審査概要

　予選全作品を並べた会場内に3人の審査委員が並び立ち、作品を1つ1つていねいに審議した。厳選に絞り込みを進めた結果、予選通過の20作品が決定した。

　審査委員から予選通過作品に対して、本選までにさらに提案をブラッシュアップしてほしいという要望が出た。特に、豊田高専（8）案、小山高専（18）案、大阪府立大学高専（40）案、呉高専（48）案、米子高専（74）案、仙台高専（名取）（98）案の6作品については再検討すべき点が、具体的なコメント（宿題）として示された（表1）。そして、予選審査で審査委員からどのような趣旨の指示が出たのかを参考にして、提案のブラッシュアップをしてもらうために、このコメントは通過者全員に伝えられた。

（西川 賢治・米子高専）

作品番号	高専名	作品名	審査委員からの指示
8	豊田高専	Sprawl Scroll	新しい部分と住宅との関係を示す図を追加してください。
18	小山高専	武勇　～スポーツと酒～	表現に力を入れてください。
40	大阪府立大学高専	SNS～Social Networking Shotengai～	小学校の住宅への転用についてリファインしてください。
48	呉高専	宮島大文字窓	平面図の表現をわかりやすくしてください。
74	米子高専	かりるみち～変化と生きる動と静～	建築図面を追加してください。
98	仙台高専（名取）	町家と馬屋の混在。そして一つに・・・	2階について再考してください。

表1　予選通過作品のうち6作品に本選までに解決するように伝えられた審査委員からの指示

日時＝2013年9月20日（金）9：30～12：30
会場＝建築会館会議室308（東京）
事務担当＝西川賢治、小椋弘佳（米子高専　建築学科）
予選提出物＝プレゼンテーションポスター：配置図（縮尺1/200～1/300）、平面図（縮尺1/50）、断面図（縮尺1/50）で示し、透視図、模型写真など必要と思われる図および説明文で構成（A1判パネル3枚以内）、エントリーシート
予選通過数＝20作品（50人、10高専）

>>予選作品一覧　PRELIMINARY LIST

空間

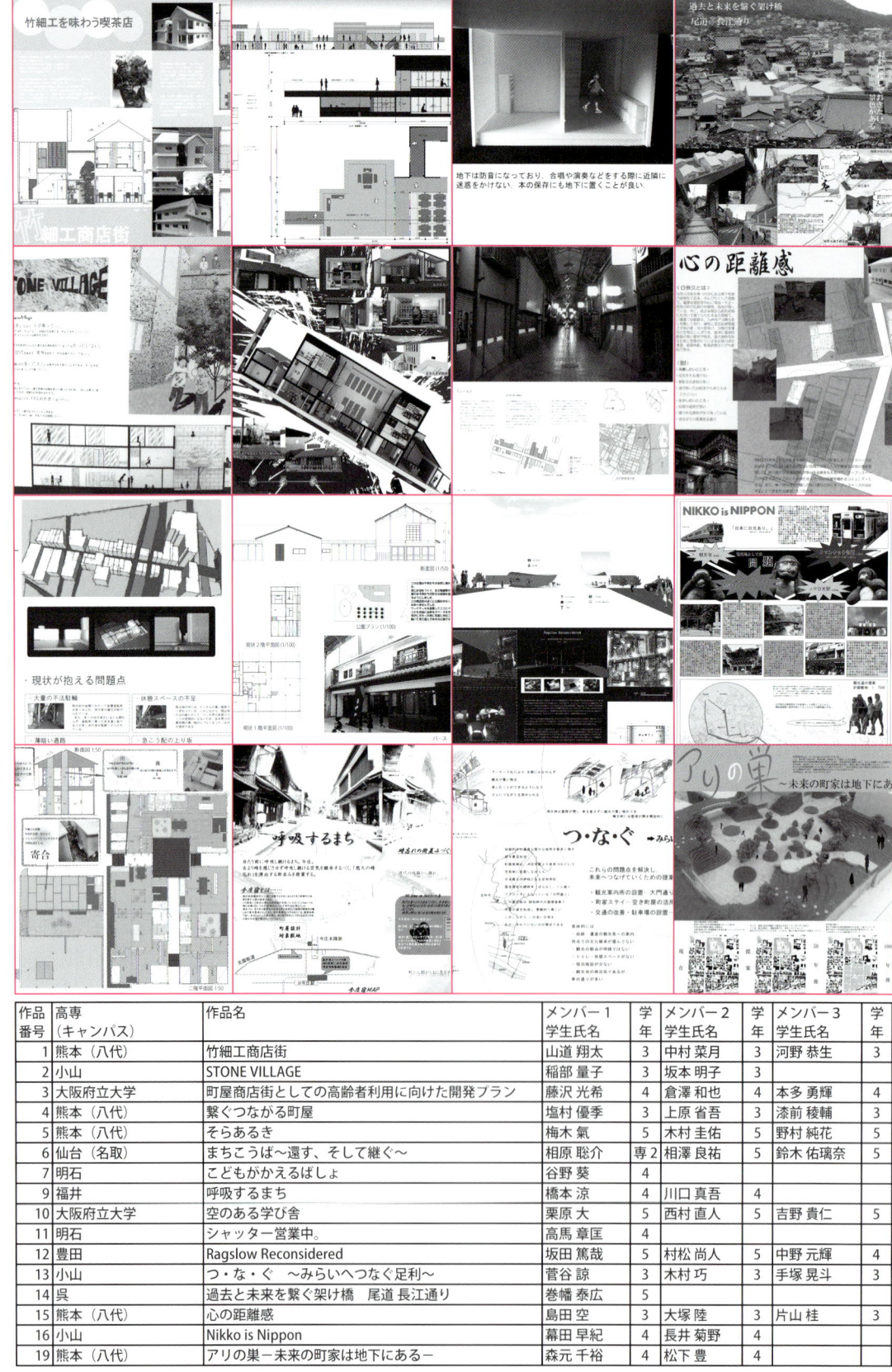

作品番号	高専(キャンパス)	作品名	メンバー1 学生氏名	学年	メンバー2 学生氏名	学年	メンバー3 学生氏名	学年
1	熊本（八代）	竹細工商店街	山道 翔太	3	中村 菜月	3	河野 恭生	3
2	小山	STONE VILLAGE	稲部 量子	3	坂本 明子	3		
3	大阪府立大学	町屋商店街としての高齢者利用に向けた開発プラン	藤沢 光希	4	倉澤 和也	4	本多 勇輝	4
4	熊本（八代）	繋ぐつながる町屋	塩村 優季	3	上原 省吾	3	漆前 稜輔	3
5	熊本（八代）	そらあるき	梅木 氣	5	木村 圭佑	5	野村 純花	5
6	仙台（名取）	まちこうば〜還す、そして継ぐ〜	相原 聡介	専2	相澤 良祐	5	鈴木 佑璃奈	5
7	明石	こどもがかえるばしょ	谷野 葵	4				
9	福井	呼吸するまち	橋本 涼	4	川口 真吾	4		
10	大阪府立大学	空のある学び舎	栗原 大	5	西村 直人	5	吉野 貴仁	5
11	明石	シャッター営業中。	高馬 章匡	4				
12	豊田	Ragslow Reconsidered	坂田 篤哉	5	村松 尚人	5	中野 元輝	4
13	小山	つ・な・ぐ　〜みらいへつなぐ足利〜	菅谷 諒	3	木村 巧	3	手塚 晃斗	3
14	呉	過去と未来を繋ぐ架け橋　尾道 長江通り	巻幡 泰広	5				
15	熊本（八代）	心の距離感	島田 空	3	大塚 陸	3	片山 桂	3
16	小山	Nikko is Nippon	幕田 早紀	4	長井 菊野	4		
19	熊本（八代）	アリの巣－未来の町家は地下にある－	森元 千裕	4	松下 豊	4		

＊表中の「学年」の欄の「専」は専攻科を示す（以下、39ページまで同）

>>予選作品一覧 PRELIMINARY LIST

空間

作品番号	高専(キャンパス)	作品名	メンバー1 学生氏名	学年	メンバー2 学生氏名	学年	メンバー3 学生氏名	学年
20	明石	ほっとステーション	今村 志穂	4				
21	小山	未来につなぐ商店街	伊藤 あかり	5				
22	サレジオ	高校と創る商店街	岩田 鉄平	2	長谷川 陸	2	内藤 千賀	2
23	熊本（八代）	灯陽（ともしび）	福留 愛	3	坂本 大地	3	竹本 燿	3
24	石川	campin' FAB	村井 陸	5	塚本 安優実	5	油本 鈴佳	5
25	呉	御手洗学校 －教育を売る未来の商店街－	吉川 直輝	5	梶村 星貴	4	下寺 孝典	4
26	小山	未来へつなぐ ～ Crystal of the bond ～	茂呂 ほのか	3	峯吉 星果	3	高橋 佑太朗	3
27	明石	未来の町家商店街 龍野をかえる	上川 峻平	4				
28	豊田	新しく新しいものを。	河合 竜希	4	坂本 智香	4	橋口 佳歩	4
29	釧路	つながる町家・つなぐ町家	川久保 圭	5	齊藤 祥吾	5	庄司 陽祐	5
30	釧路	夕日の見える幣舞商店街 ～ The Setting Sun Mall in 釧路市　南大通	本間 慎也	5	石川 雄大	5	森谷 俊	5
31	釧路	ブロック型の町家	湊谷 勇武	5	廣田 智朗	4		
33	釧路	活気あふれる商店街	南部 佳哲	4	能登 拓武	4		
35	大阪府立大学	サテライトキャンパス商店街	中本 翔悟	5	足立 憲太	5	東吉 寛樹	5
36	明石	子育ち商店街	岡山 紘明	4				

>>予選作品一覧　PRELIMINARY LIST

空間

作品番号	高専（キャンパス）	作品名	メンバー1 学生氏名	学年	メンバー2 学生氏名	学年	メンバー3 学生氏名	学年
37	大阪府立大学	学生喫茶	植田 光太郎	5	山下 純平	5	吉田 侑矢	5
38	明石	なつかしの野里	岡田 祐佳	4				
39	大阪府立大学	～帰り道～　図書館に行こうか、家に行こうか それとも家に帰ろうか	藤本 貴史	5	中野 翔太	5	安井 佑斗	5
41	明石	むかえる町家	飯田 悠夏	4				
42	明石	寺家町商店街　丸万本店	柴阪 拓実	4				
43	仙台（名取）	移りゆくまち　岩沼	若松 尚輝	5	海和 宗人	5	齋藤 浩志	4
44	明石	Change Spairal	古賀 遼	4				
46	仙台（名取）	更新される町家	栗原 風太	5	鈴木 義彬	5	千葉 佳奈瑛	4
47	サレジオ	めぐる	上野 楓	4	加藤 拡実	2		
49	小山	秋葉原商店街の新しいカタチ	池田 貴大	5				
50	サレジオ	ふと思い出すかえりみちの商店街	山口 栞	4	佐藤 真樹	4	稲垣 天門	2
51	サレジオ	見える、魅せる…	上野 蘭	2	大本 健太	2		
53	熊本（八代）	隠れ家	光田 ひかり	3	関原 至音	3	岩﨑 貴弘	3
55	熊本（八代）	時を忘れてすごせる空間　日奈久のやさしさ	山田 美喜子	3	永野 翔也	3	福岡 怜大	3
56	呉	Fab.Street - 呉　ものづくり商店街 -	横山 貴史	5	麻村 晶子	5	山田 萌子	5
57	石川	～かわるがわる～	東森 友一	5	隅田 知樹	5		

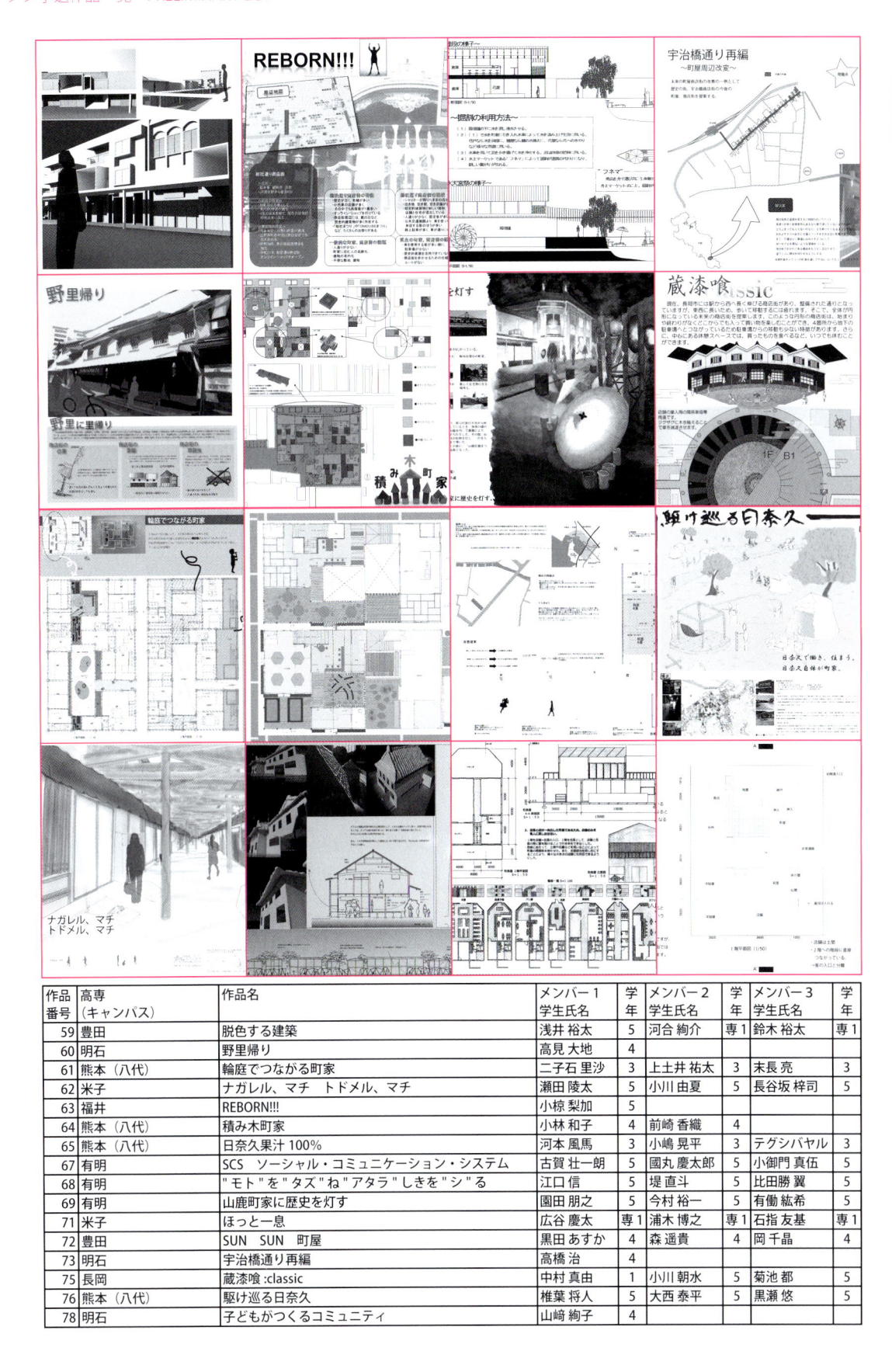

>> 予選作品一覧　PRELIMINARY LIST

空間

作品番号	高専(キャンパス)	作品名	メンバー1 学生氏名	学年	メンバー2 学生氏名	学年	メンバー3 学生氏名	学年
59	豊田	脱色する建築	浅井 裕太	5	河合 絢介	専1	鈴木 裕太	専1
60	明石	野里帰り	髙見 大地	4				
61	熊本（八代）	輪庭でつながる町家	二子石 里沙	3	上土井 祐太	3	末長 亮	3
62	米子	ナガレル、マチ　トドメル、マチ	瀬田 陵太	5	小川 由夏	5	長谷坂 梓司	5
63	福井	REBORN!!!	小椋 梨加	5				
64	熊本（八代）	積み木町家	小林 和子	4	前崎 香織	4		
65	熊本（八代）	日奈久果汁100%	河本 風馬	3	小嶋 晃平	3	テグシバヤル	3
67	有明	SCS ソーシャル・コミュニケーション・システム	古賀 壮一朗	5	國丸 慶太郎	5	小御門 真伍	5
68	有明	"モト"を"タズ"ね"アタラ"しきを"シ"る	江口 信	5	堤 直斗	5	比田勝 翼	5
69	有明	山鹿町家に歴史を灯す	園田 朋之	5	今村 裕一	5	有働 紘希	5
71	米子	ほっと一息	広谷 慶太	専1	浦木 博之	専1	石指 友基	専1
72	豊田	SUN　SUN　町屋	黒田 あすか	4	森 遥貴	4	岡 千晶	4
73	明石	宇治橋通り再編	高橋 治					
75	長岡	蔵漆喰 :classic	中村 真由	1	小川 朝水	5	菊池 都	5
76	熊本（八代）	駆け巡る日奈久	椎葉 将人	5	大西 泰平	5	黒瀬 悠	5
78	明石	子どもがつくるコミュニティ	山﨑 絢子	4				

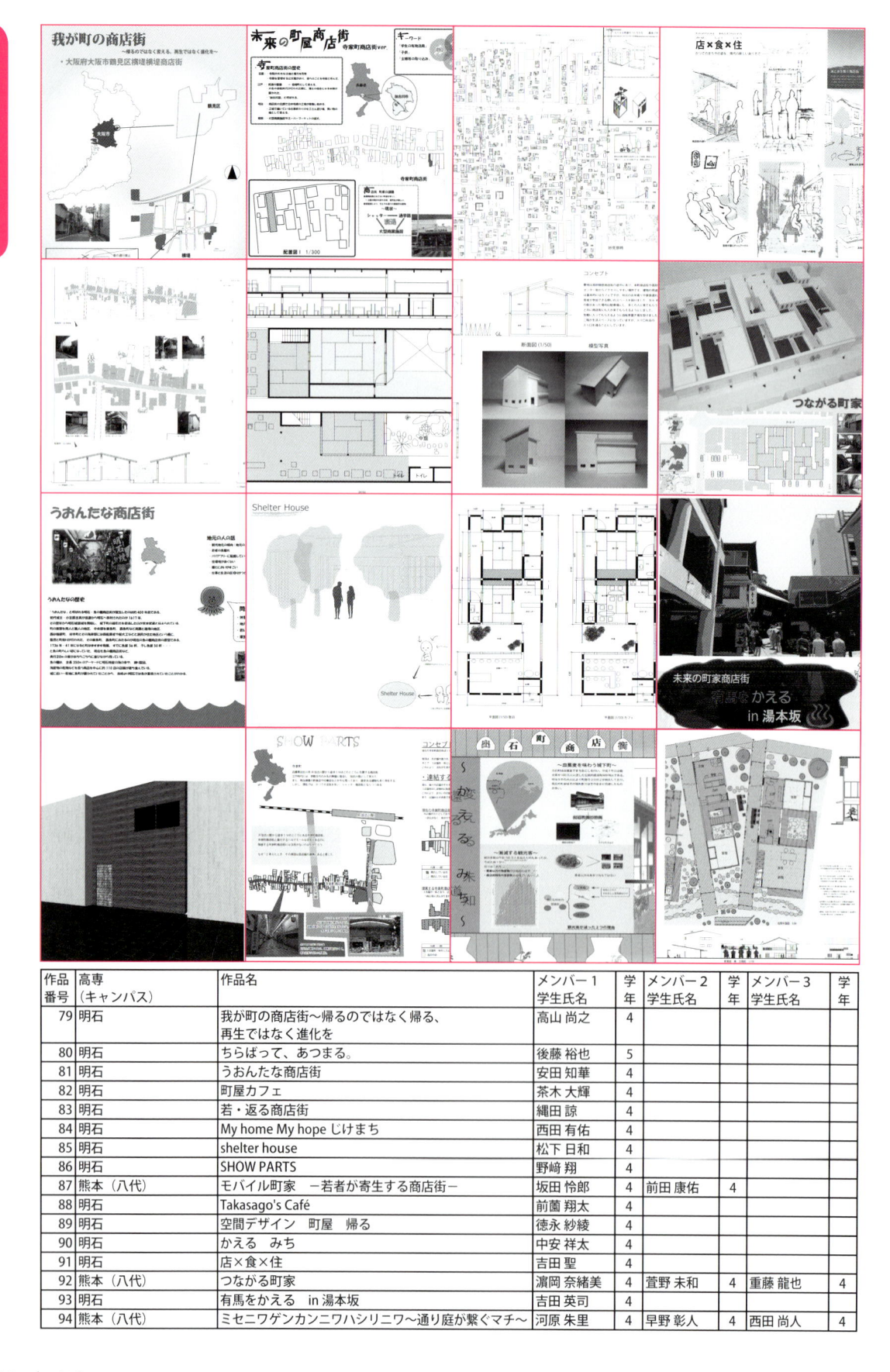

>>予選作品一覧　PRELIMINARY LIST

空間

作品番号	高専（キャンパス）	作品名	メンバー1 学生氏名	学年	メンバー2 学生氏名	学年	メンバー3 学生氏名	学年
79	明石	我が町の商店街〜帰るのではなく帰る、再生ではなく進化を	高山 尚之	4				
80	明石	ちらばって、あつまる。	後藤 裕也	5				
81	明石	うおんたな商店街	安田 知華	4				
82	明石	町屋カフェ	茶木 大輝	4				
83	明石	若・返る商店街	縄田 諒	4				
84	明石	My home My hope じけまち	西田 有佑	4				
85	明石	shelter house	松下 日和	4				
86	明石	SHOW PARTS	野﨑 翔	4				
87	熊本（八代）	モバイル町家 −若者が寄生する商店街−	坂田 怜郎	4	前田 康佑	4		
88	明石	Takasago's Café	前薗 翔太	4				
89	明石	空間デザイン　町屋　帰る	徳永 紗綾	4				
90	明石	かえる　みち	中安 祥太	4				
91	明石	店×食×住	吉田 聖	4				
92	熊本（八代）	つながる町家	濱岡 奈緒美	4	萱野 未和	4	重藤 龍也	4
93	明石	有馬をかえる　in湯本坂	吉田 英司	4				
94	熊本（八代）	ミセニワゲンカンニワハシリニワ〜通り庭が繋ぐマチ〜	河原 朱里	4	早野 彰人	4	西田 尚人	4

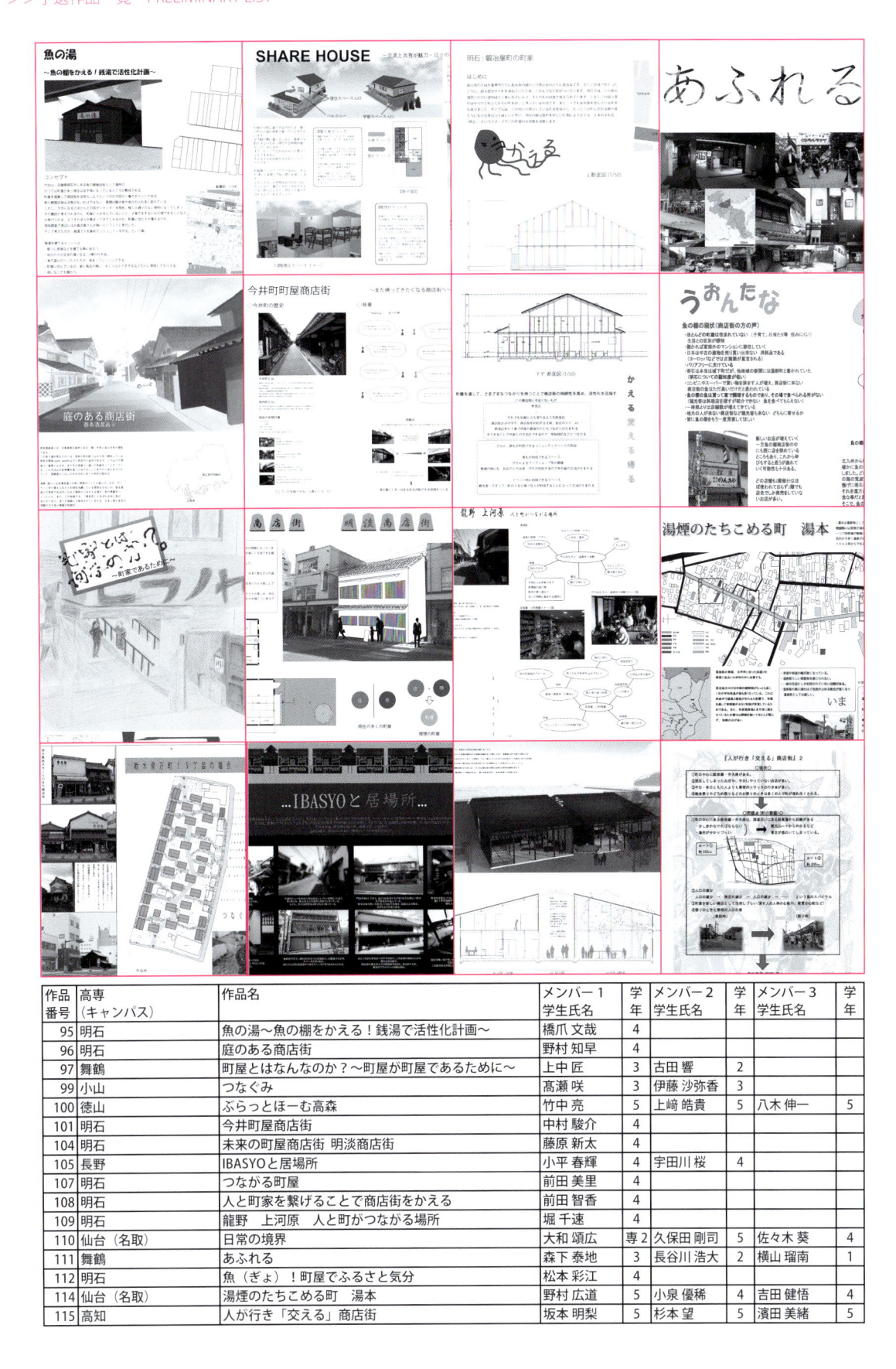

>> 予選作品一覧　PRELIMINARY LIST

空間

作品番号	高専(キャンパス)	作品名	メンバー1 学生氏名	学年	メンバー2 学生氏名	学年	メンバー3 学生氏名	学年
95	明石	魚の湯〜魚の棚をかえる！銭湯で活性化計画〜	橋爪 文哉	4				
96	明石	庭のある商店街	野村 知早	4				
97	舞鶴	町屋とはなんなのか？〜町屋が町屋であるために〜	上中 匠	3	古田 響	2		
99	小山	つなぐみ	髙瀬 咲	3	伊藤 沙弥香	3		
100	徳山	ぶらっとほーむ高森	竹中 亮	5	上﨑 皓貴	5	八木 伸一	5
101	明石	今井町屋商店街	中村 駿介	4				
104	明石	未来の町屋商店街 明淡商店街	藤原 新太	4				
105	長野	IBASYOと居場所	小平 春輝	4	宇田川 桜	4		
107	明石	つながる町屋	前田 美里	4				
108	明石	人と町家を繋げることで商店街をかえる	前田 智香	4				
109	明石	龍野　上河原　人と町がつながる場所	堀 千速	4				
110	仙台(名取)	日常の境界	大和 頌広	専2	久保田 剛司	5	佐々木 葵	4
111	舞鶴	あふれる	森下 泰地	3	長谷川 浩大	2	横山 瑠南	1
112	明石	魚（ぎょ）！町屋でふるさと気分	松本 彩江	4				
114	仙台(名取)	湯煙のたちこめる町　湯本	野村 広道	5	小泉 優稀	4	吉田 健悟	4
115	高知	人が行き「交える」商店街	坂本 明梨	5	杉本 望	5	濱田 美緒	5

39

構造

デザイン部門

>>タイムライン　TIME LINE

エントリーシート提出期間1
2013/09/30
-10/04

エントリーシート提出期間2
2013/11/04
-11/07

61 ─── 本選出場

本選

2013/11/09

1　仕様確認

2　プレゼンテーション

2013/11/10

3　競技＝耐荷性能試験

4　審査会

最優秀賞（国土交通大臣賞）　米子高専／火神岳の希
優秀賞　米子高専／阿弥陀川乃水澄
　　　　小山高専／Reinforce Tristar
日刊建設工業新聞社賞　仙台高専（名取）
　　　　　　　　／上遠野流・手裏剣～よみ「がえる」～
審査委員特別賞　舞鶴高専／橋たちぬ～耐えねば～
　　　　　　　　石川高専／りったいパズル

>>課題テーマ　THEME

4点支持構造物の耐荷力コンテスト

　私たちが生活する空間に存在する橋や堤防のような土木構造物、住宅やビルのような建築構造物あるいは自動車や家電製品のような工業製品など、およそ形あるものは、外界から受ける力に対し、その形や機能を維持するための合理的な構造の仕組みとともに、安全・安心な強さ（強度）や硬さ（剛性）を有していなければなりません。
　一方、これらのものは私たちの生活する空間の構成要素になることから、美しさも備わっていることが要求されます。
　ここでいう構造デザインとは、要求される条件のもとで、これらの物の形を支える構造に必要なシステムや詳細を創造していく行為と定義します。
　本年度の構造デザイン部門は、競技が開催された当初に「かえる」という意味で、これまで課題の対象物として暗に想定されてきた「橋」（単純支持梁構造）の概念から離れ、新しい構造システムの創造を競う課題としました。それが、非対称荷重が作用する4点支持構造物の「耐荷力」「比強度」「予測耐荷力精度」「独創性や美しさ」に関するデザイン力を競うものです。なお、製作する構造物への制約は極力減らしているので、既存の構造システムや詳細にこだわらず、新しく自由な発想による応募作品を期待します。

＊本書の文中や表中で記載している「高専」は、工業高等専門学校および高等専門学校の略称
＊作品名はエントリーシートの記載の通り

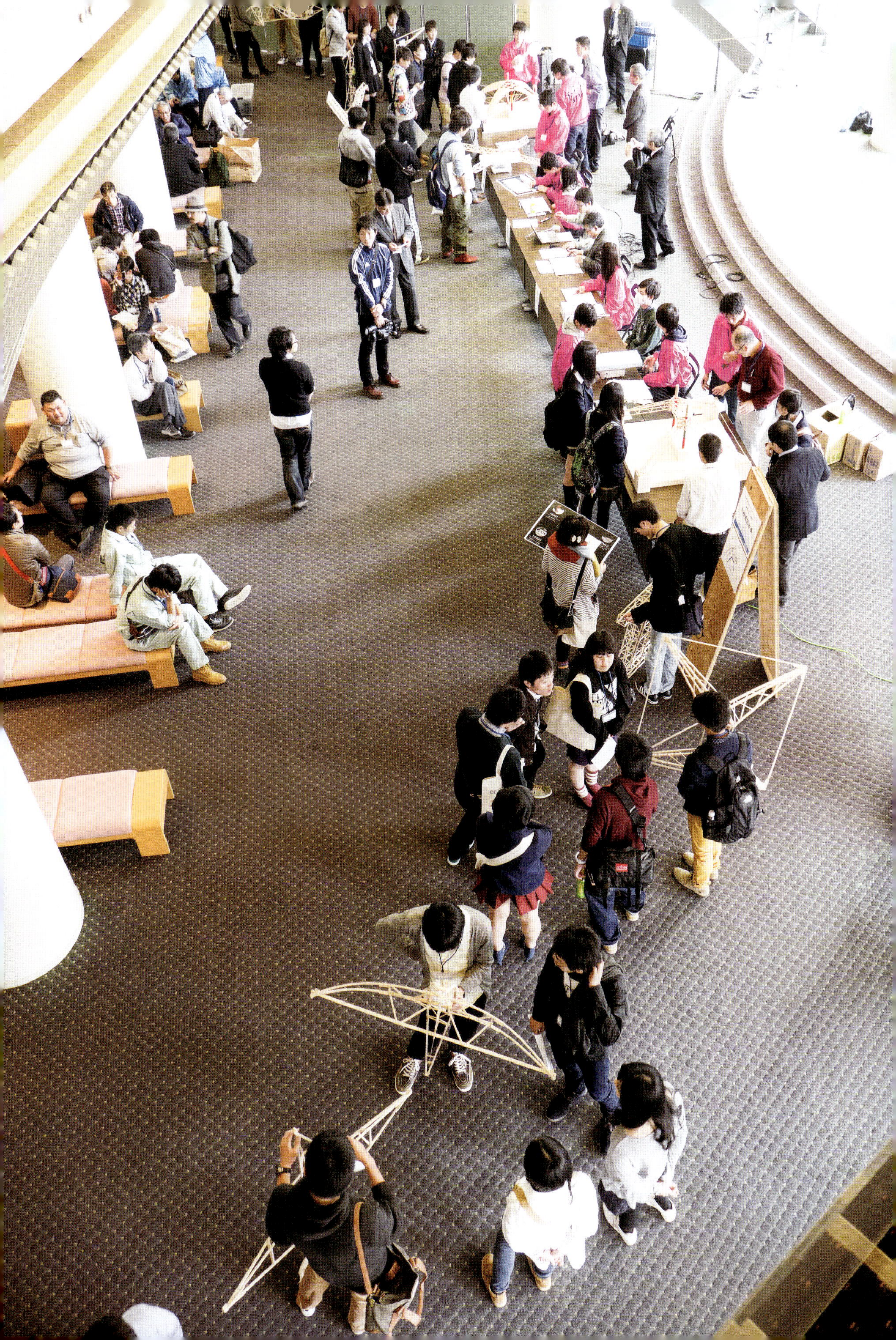

本選

課題テーマ=「4点支持構造物の耐荷力コンテスト」
審査委員=丸山 久一［委員長］、齊藤 大樹、佐々木 睦朗、足立 徹
応募条件=個人もしくは6人以内のチームによるもの（競技時の登壇者は4人以内）。各校2チームまで。
応募数=61作品（294人、35高専）
応募期間=
質疑期間：2013年4月8日（月）～5月7日（火）
質疑回答：2013年5月下旬より順次ホームページにて公表
エントリーシート提出期間1：2013年9月30日（月）～10月4日（金）
エントリーシート提出期間2：2013年11月4日（月）～7日（木）
事前提出物=
エントリーシート1回目：エントリーシート1（学校名、作品名、チームメンバー氏名、指導教員氏名、連絡先など）、作品紹介
エントリーシート2回目：耐荷予測値（耐荷力と載荷点P1、P2に載荷するおもりの順番と増分）

構造

本選審査
日時=2013年11月9日（土）～10日（日）
会場=米子コンベンションセンター BiG SHiP 多目的ホール

本選提出物=
プレゼンテーションポスター：①作品名、②設計趣旨、③作品の特長を示す図面や写真、④全体写真、⑤質量の記載欄（仕様確認の後に記入）、⑥耐荷予測値を記載（A2判1枚、パネル不可）
構造模型：指定の仕様通りのもの（48ページ参照）

審査過程=
日時：2013年11月9日（土）
1　仕様確認　13：00～15：00（ホワイエ）
2　プレゼンテーション　15：00～17：00
日時：2013年11月10日（日）
3　競技=耐荷性能試験　9：00～13：00
4　審査会　13：00～14：00

>> 本選概要　OUTLINE

構造形式、接合部、部材断面に知恵が凝縮

過去最多の応募61チーム

参加チームは35校61チームと、これまでの10回の大会で最多となった。建設系や建築系の学科を中心に、機械系の学科や学科混成のチームも参加した。また、本科の低学年から高学年や専攻科まで、全学年の学生からエントリーがあった。

応募作品には、さまざまな構造形式がみられ、トラス構造やアーチ構造、張弦構造、各種の構造形式のハイブリッド型など、工夫を凝らしたものが多かった。

また、部材断面については、圧縮材は箱形断面にして、引張材は集成材にするなど、細やかな工夫がみられた。

さらに、前年までの2点支持の単純支持梁構造から4点支持の立体構造に課題が変わったため、部材同士の接合部に苦労しているチームが多かったが、そのディテール(細部の収まり)にもさまざまな工夫をしていた。一方で、デザイン・コンセプトを重視し、美しさを強調した個性的な作品もあり、全般的に参加チームの努力が伝わってくる大会となった。

競技過程

初日9日午後の仕様確認では、競技会場である多目的ホール前のホワイエに、模型を抱えた学生たちの長い列ができた。計量所の前に来ると今まで笑っていた学生たちの表情は神妙になる。計量をすませ、仕様がOKにならないと翌日の競技に参加できない。今年は、無事に61作品すべてが翌日の競技に参加できることになった。

続くプレゼンテーションでは、各審査委員は、多目的ホールの後方に並ぶ模型と作品解説文を展示したテーブルを巡回しながら、学生たちと質疑応答。競技の際も、模型たちはここで出番を待つことになる。

翌10日、会場の前方のステージには、設置した模型におもりを載せていくための大きな載荷装置が3つ並べて置かれた。

競技(耐荷性能試験)についての説明とデモンストレーションを終えて、いよいよ競技開始。ヘルメット、ゴーグル、手袋を着用してステージに上がる学生たち。エントリーシートに記載した模型の耐荷予測値(kg)が少ない作品から順に、3チームずつが同時に競技に臨んだ。

まず、所定の初期荷重(2カ所に15kgずつ)を載せる。この段階で壊れる模型もある。10秒経過するごとに持ちこたえた模型には、追加のおもりが載せられていく。学生たちの努力と工夫の結晶である美しい模型たちは、競技が進むにしたがって、どんどん壊れていった。

トラスと張弦の勝利

上位3作品の構造形式は、トラス構造が2チーム、張弦構造が1チーム。アーチ構造の作品は、残念ながら、上位には入らなかった。

上位にランクされた作品はいずれも、応募された各構造形式の作品のなかでも最も洗練された構造体に作り込まれていて、力学的な合理性、洗練されたディテールなど、すばらしいものばかりだった。

強度については、設定していた最大荷重をクリアする作品はなかったものの、比強度(48ページ註1参照)については、最優秀賞作品は1,000を超え、要項作成時の予想を上回る結果となった。　(北農 幸生・米子高専)

構造

44 | デザコン 2013 in YONAGO

審査委員長講評
より強く、より軽く、より美しく

丸山 久一
審査委員長

　今年度の課題の特徴としては、4点で支持する構造体に載荷点が2カ所、構造模型に載せる荷重を増加していくステップ（段階）が8回という制約条件が挙げられます。大きさ1,000mm×1,000mm×300mm以内に収まり、総質量400g以下で、いかに、より強く、より軽く、より美しい構造物を作るかを競うのが今回のテーマでした。

　61の応募作品には、いずれにもさまざまな創意工夫が認められました。基本構造としては、アーチ構造を採用した作品が多く、次いでトラス構造や、アーチとトラスを複合させた構造の作品もみられました。

　模型の総質量が制限されていることから、いずれの作品も構成部材の数を減らし、部材の強度を高める工夫、部材の接合部の強度を高める工夫を凝らしていました。また、2カ所の片方ずつに順に荷重を増やしていく今回の載荷ステップ方式により、偏心載荷となってしまう影響を考慮した構造形式の作品、美的センスにあふれた作品など、見ていて楽しくなるものばかりでした。

　構造模型は静定（力の釣り合いだけで解析できる構造体）でなく、さらに材料の力学的特性のバラツキ、接合部の強度のバラツキなどが力にも影響するため、耐荷力を予想するのは難しいものです。それで事前の実験通りの結果にはならなかったようでしたが、最優秀賞の米子高専の作品、優秀賞の米子高専や小山高専の作品は耐荷力が200kgを超え、軽量で見た目にも美しい構造体でした。日刊建設工業新聞社賞の仙台高専（名取）の作品、審査委員特別賞の舞鶴高専と石川高専の作品は、それぞれ予想を超える耐荷力を示し、学生たちの努力の結果が認められるものでした。

　参加したみなさんの日頃の努力と熱意が強く感じられる大会でした。今後の発展を大いに期待します。

構造

>>審査委員　JURY

審査委員長
丸山 久一
（まるやま　きゅういち）

長岡技術科学大学大学院教授

1948 年　新潟県生まれ
1972 年　東京大学工学部土木工学科卒業
1974 年　東京大学大学院工学系研究科
　　　　 土木工学専攻修士課程修了
1979 年　テキサス大学大学院博士課程
　　　　 修了、Ph.D. 取得
1979 年　長岡技術科学大学工学部
　　　　 建設系　講師
1980 年　同　助教授
1994 年　同　教授
2003 年　長岡技術科学大学　副学長
2004 年　長岡技術科学大学　理事・副学長
2009 年　長岡技術科学大学大学院
　　　　 環境・建設系　教授
2010-12 年　土木学会　理事
2011-13 年　日本コンクリート工学会
　　　　　　副会長

■主な編共著書
『阪神・淡路大震災調査報告書』（共著、1巻 1996 年、4 巻 1997 年、丸善）、『土木用語辞典』（土木用語辞典編集委員会編、編共著、1999 年、技報堂）、『土木学会コンクリート標準示方書』（編共著、2012 年、土木学会）など

■主な受賞
可視化情報学会 技術賞（1990 年）、土木学会 論文賞（1992 年）、プレストレストコンクリート技術協会 論文賞（1994 年）、土木学会 吉田賞（論文部門、1995 年）、新潟日報文化賞（産業技術部門、2005 年）、日本コンクリート工学協会 功労賞（2005 年）など

46 ｜デザコン 2013 in YONAGO

>>審査委員　JURY

審査委員
齊藤 大樹
（さいとう　たいき）

豊橋技術科学大学教授

1962年　北海道生まれ
1985年　東北大学工学部建築学科卒業
1987年　東北大学大学院工学研究科建築学専攻修士課程修了
1990年　同博士課程修了、工学博士取得
1990年　東北大学工学部建築学科　助手
1992年　米国イリノイ大学土木学科　客員研究員
1996年　建設省建築研究所第3研究部　主任研究員
2002年　建築研究所構造研究グループ　上席研究員
2004年　同研究所国際地震工学センター　上席研究員
2007年-　日本免震構造協会　国際委員長
2011年-　国際制振学会（ASSISi）　理事
2011-13年　日本地震工学会　理事
2012年　豊橋技術科学大学都市・建築システム学系　教授
2013年　第13回世界免制震会議　実行委員長

■主な著書
『耐震・免震・制震のはなし』（2005年、日刊工業新聞社）、『トコトンやさしい地震と建物の本』（2013年、日刊工業新聞社）など

■主な受賞
コンクリート工学年次講演会　優秀講演賞（1991年）、独立行政法人建築研究所理事長業績表彰（2002年）、外務大臣感謝状「アルジェリア国際緊急援助隊」（2004年）など

審査委員
佐々木 睦朗
（ささき　むつろう）

建築構造家、法政大学教授

1946年　愛知県生まれ
1968年　名古屋大学工学部建築学科卒業
1970年　名古屋大学大学院工学研究科建築学専攻修士課程修了
1970-79年　木村俊彦構造設計事務所在籍
1980年　佐々木睦朗構造計画研究所設立
1998年　博士（工学）取得
1999-2004年　名古屋大学大学院工学研究科建築学専攻　教授
2004年-　法政大学デザイン工学部建築学科　教授

■主な建築（構造設計）
せんだいメディアテーク（2000年）、札幌ドーム（2001年）、金沢21世紀美術館（2004年）、豊島美術館（2010年）など

■主な共著書
『構造設計の詩法』（1997年、住まいの図書館出版局）、『FLUX STRUCTURE』（2005年、TOTO出版）、『力学・素材・構造デザイン』（共著、2012年、建築技術）など

■主な受賞
松井源吾賞（美和ロック工業玉城工場の構造設計、1991年）、日本鋼構造協会賞（業績、札幌ドームの構造設計、2002年）、日本建築学会賞（作品部門、せんだいメディアテーク、2003年）、国際シェル・空間構造学会TSUBOI PRIZE（論文部門、2004年）など

審査委員
足立 徹
（あだち　とおる）

国土交通省中国地方整備局
企画部長

1959年　島根県生まれ
1981年　九州大学工学部土木工学科卒業
1983年　九州大学大学院工学研究科土木工学専攻修士課程修了
1983年　建設省採用
1991年　近畿地方建設局道路部　計画調整課長
1992年　同部　道路計画第一課長
1993年　国土開発技術研究センター　主任研究員
1995年　東北地方建設局郡山国道工事事務所　所長
1997年　阪神高速道路公団　計画部付調査役
1998年　道路局企画課　建設専門官
1999年　建設経済局調査情報課　建設専門官
2000年　静岡市　助役
2003年　建設情報研究所　研究第2部長
2005年　東北地方整備局仙台河川国道事務所　所長
2008年　大臣官房技術調査課　建設技術政策分析官
2010年　国土技術政策総合研究所企画部　評価研究官
2012年　本州四国連絡高速道路　企画部長
2013年　中国地方整備局　企画部長

構造

構造デザイン部門応募要項と競技内容（要約）

模型の条件
模型の材料は、木材（ヒノキ）と木工用ボンドのみ。図1、図2に示すように、2つの載荷点（P1、P2）に作用する重さを、4つの支点で支えられる構造として、各チームが自由に設計すること。
模型は、大きさ1,000mm×1,000mm×300mm以内、総質量400g以内で製作すること。接合部の大きさや形状は自由。
材料の加工には一般的な道具だけを使うこと。レーザー加工機などの特殊な機械の使用は禁止。

競技方法
応募された構造模型に、おもりを順に載せていき、より強くより軽い模型を勝者とする。
おもりは、載荷点P1、P2に対して交互に8回まで載せることができる。おもりを載荷する回数（載荷回数）、各回に載せるおもりの重さと個数（載荷パターン）は、各チームがエントリーシートに指定すること。
おもりを載せて10秒以内に模型が破壊した場合は、その回の直前までのおもりの合計を応募作品の耐荷力とする。指定したすべてのおもりを載せても破壊しない場合には、そのおもりの合計を応募作品の耐荷力とする。
各載荷点に載せられる最大荷重：初期荷重を含めて135kg（P1、P2の2カ所の合計で270kg）
初期荷重：15kg×2カ所（P1、P2）
各載荷点に載せられるおもり：1カ所につき10kg×5個、5kg×2個のおもりが用意
1回に追加できるおもりの最小単位：10kg（それ以上は5kg単位での追加となる）

審査方法
構造模型（応募作品）は、「耐荷力点40点」「比強度[*1]点30点」「予測耐荷力[*2]精度点10点」「審査委員評価点20点」の合計100点満点で審査する。
審査委員評価点は、力学的合理性、独創性、完成度、プレゼンテーションの4項目を総合的に判断して採点する。

註
* 1 比強度：耐荷力を模型質量で除したもの＝耐荷力（kg）／構造模型の質量（kg）＝（自重の何倍の重さに耐えられるかを表す量）
* 2 予測耐荷力：応募作品の耐荷予測値は、各チームがあらかじめ実験や解析などで推定し、エントリーシートに記載する。

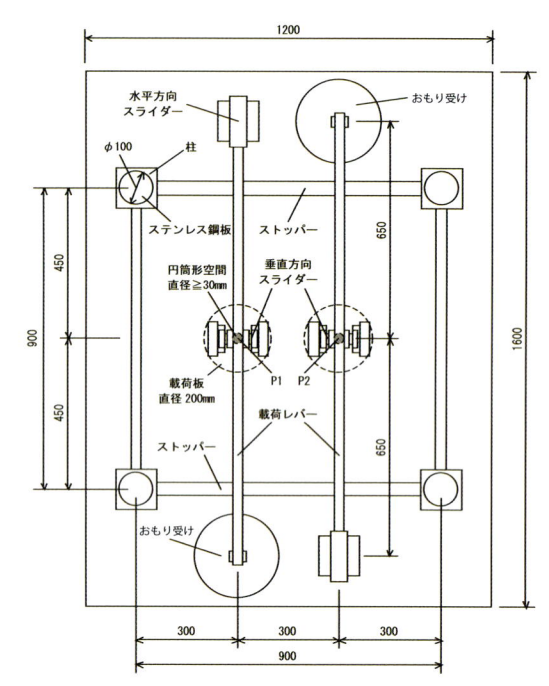

図1　載荷台（平面図）

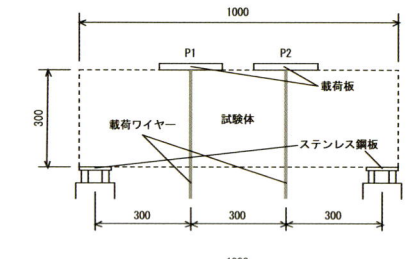

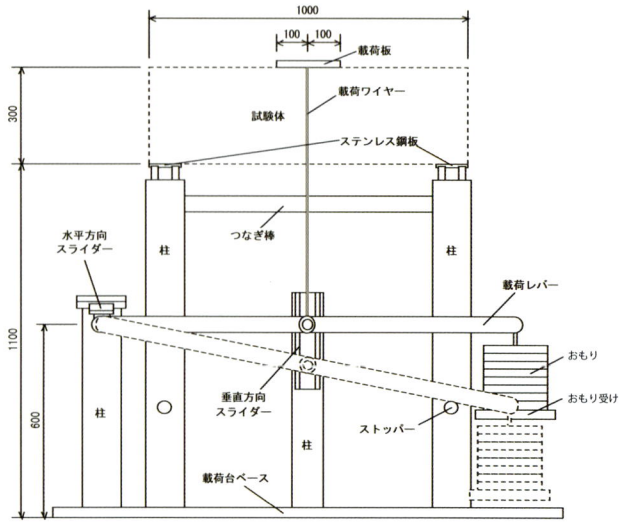

図2　載荷台（立面図）

>>総合順位　RANKING

作品番号	高専(キャンパス)	作品名	模型質量(g)	耐荷予測値(kg)	耐荷力(kg)	比強度	予測耐荷力比	耐荷力点[40点]	比強度点[30点]	予測耐荷力精度点[10点]	審査委員評価点[20点]	合計得点	総合順位
35	米子	火神岳の希	246.5	270	250	1014.2	0.93	40.0	30.0	9.3	18.3	97.6	1
34	米子	阿弥陀川乃水澄	243.5	270	210	862.4	0.78	33.6	25.5	7.8	18.5	85.4	2
26	小山	Reinforce Tristar	377.0	270	230	610.1	0.85	36.8	18.0	8.5	15.0	78.3	3
25	仙台（名取）	上遠野流・手裏剣～よみ「がえる」～	362.5	180	190	524.1	0.94	30.4	15.5	9.4	17.8	73.1	4
28	舞鶴	橋たちぬ ～耐えねば～	312.0	140	180	576.9	0.71	28.8	17.1	7.1	18.3	71.3	5
31	呉	耐えねば。	358.0	260	190	530.7	0.73	30.4	15.7	7.3	15.5	68.9	6
24	仙台（名取）	X 橋　～仙台をふり「かえる」～	354.0	270	180	508.5	0.67	28.8	15.0	6.7	15.3	65.8	7
22	新居浜	KK	370.5	200	160	431.8	0.80	25.6	12.8	8.0	13.0	59.4	8
2	秋田	Gorilla	390.0	150	130	333.3	0.87	20.8	9.9	8.7	13.0	52.4	9
20	釧路	トライベンド	316.5	250	130	410.7	0.52	20.8	12.1	5.2	12.8	50.9	10
23	新居浜	χ	390.5	210	130	332.9	0.62	20.8	9.8	6.2	12.8	49.6	11
51	石川	りったいパズル	377.5	90	100	264.9	0.89	16.0	7.8	8.9	16.8	49.5	12
19	都城	dual	361.5	100	100	276.6	1.00	16.0	8.2	10.0	14.0	48.2	13
39	八戸	とらいあんぐるコーン	388.0	170	120	309.3	0.71	19.2	9.1	7.1	12.0	47.4	14
54	岐阜	栄光の×橋	384.0	100	110	286.5	0.90	17.6	8.5	9.0	12.0	47.1	15
4	神戸市立	テトラス	384.5	100	110	286.1	0.90	17.6	8.5	9.0	12.0	47.1	16
9	福島	Attack on Roof	386.5	140	110	284.6	0.79	17.6	8.4	7.9	12.0	45.9	17
33	福井	CROSSEPARATiON	376.0	100	100	266.0	1.00	16.0	7.9	10.0	12.0	45.9	18
12	香川（高松）	定	373.0	270	110	294.9	0.41	17.6	8.7	4.1	13.0	43.4	19
40	岐阜	GNCT ブリッジ	362.5	80	90	248.3	0.88	14.4	7.3	8.8	12.0	42.5	20
61	香川（高松）	monsters boX	398.0	270	110	276.4	0.41	17.6	8.2	4.1	12.0	41.9	21
43	阿南	ANAN Truss 2013	394.5	100	80	202.8	0.80	12.8	6.0	8.0	12.0	38.8	22
18	都城	東雲　- Shinonome -	389.0	70	70	179.9	1.00	11.2	5.3	10.0	12.0	38.5	23
59	和歌山	ミミック・トニー	390.0	70	70	179.5	1.00	11.2	5.3	10.0	12.0	38.5	24
15	松江	ゆりぴー	345.5	210	90	260.5	0.43	14.4	7.7	4.3	12.0	38.4	25
27	舞鶴	架ける	381.0	120	80	210.0	0.67	12.8	6.2	6.7	12.0	37.7	26
14	松本	あッキー	323.5	150	70	216.4	0.47	11.2	6.4	4.7	13.8	36.1	27
46	熊本（八代）	X（ばってん）トランス	378.5	100	70	184.9	0.70	11.2	5.5	7.0	12.0	35.7	28
3	高知	『arch』itecture	386.5	50	60	155.2	0.80	9.6	4.6	8.0	13.5	35.7	29
52	大阪府立大学	つくってこわそ ～はじめてのアーチ～	321.5	120	70	217.7	0.58	11.2	6.4	5.8	12.0	35.4	30
56	徳山	玄武 -Genbu-	296.0	180	70	236.5	0.39	11.2	7.0	3.9	13.0	35.1	31
30	鹿児島	さくらッシュ	371.0	170	70	188.7	0.41	11.2	5.6	4.1	12.0	32.9	32
21	釧路	wiz Ⅰ	377.5	230	70	185.4	0.30	11.2	5.5	3.0	12.0	31.7	33
13	神戸市立	トラスの構造	354.0	70	50	141.2	0.71	8.0	4.2	7.1	12.0	31.3	34
53	大阪府立大学	つくってこわそ ～かなけんと作るトラス～	318.5	100	50	157.0	0.50	8.0	4.6	5.0	12.0	29.6	35
49	長岡	手裏剣っぽ層	395.5	90	50	126.4	0.56	8.0	3.7	5.6	12.0	29.3	36
7	明石	A CHI CHI アーチ～エキゾチック・AKASHI～	386.0	130	50	129.5	0.38	8.0	3.8	3.8	12.0	27.6	37
60	和歌山	一 （はじめ）	391.0	70	40	102.3	0.57	6.4	3.0	5.7	12.0	27.1	38
10	群馬	焼きまんじゅう	400.0	70	40	100.0	0.57	6.4	3.0	5.7	12.0	27.1	39
57	徳山	濡れぬ先の傘	382.0	110	40	104.7	0.36	6.4	3.1	3.6	12.5	25.6	40
38	八戸	アトラス	376.0	100	40	106.4	0.40	6.4	3.1	4.0	12.0	25.5	41
55	呉	A・RA・SHI	350.0	130	40	114.3	0.31	6.4	3.4	3.1	12.0	24.9	42
48	長岡	C.T.S	318.0	60	30	94.3	0.50	4.8	2.8	5.0	12.0	24.6	43
44	阿南	DELTA PORT XV	382.0	60	30	78.5	0.50	4.8	2.3	5.0	12.0	24.1	44
5	有明	四大柱棟	352.5	70	30	85.1	0.43	4.8	2.5	4.3	12.0	23.6	45
11	群馬	流鏑馬	398.0	70	30	75.4	0.43	4.8	2.2	4.3	12.0	23.3	46
32	福井	J.M. ダイヤモンド	393.0	80	30	76.3	0.38	4.8	2.3	3.8	12.0	22.9	47
1	豊田	豊田四点支持構造物	392.0	120	30	76.5	0.25	4.8	2.3	2.5	12.0	21.6	48
8	福島	あめんぼもどき	356.0	160	30	84.3	0.19	4.8	2.5	1.9	12.0	21.2	49
41	近畿大学	タートルアーチリッチ SAEKI	395.5	200	30	75.9	0.15	4.8	2.2	1.5	12.0	20.5	50
6	明石	倍載荷だ！	392.5	270	30	76.4	0.11	4.8	2.3	1.1	12.0	20.2	51
47	小山	Reinforce Alt	313.5	150	0	0	0	0	0	0	12.0	12.0	52
58	津山	仔馬	352.5	90	0	0	0	0	0	0	12.0	12.0	52
42	近畿大学	KO・TA・TU	380.0	150	0	0	0	0	0	0	12.0	12.0	52
50	石川	I・N・C・Truss	387.0	140	0	0	0	0	0	0	12.0	12.0	52
16	長野	FUJI	388.0	60	0	0	0	0	0	0	12.0	12.0	52
37	苫小牧	享楽主義	388.0	50	0	0	0	0	0	0	12.0	12.0	52
17	長野	はつ	392.5	70	0	0	0	0	0	0	12.0	12.0	52
29	金沢	Camel Clutch	394.5	50	0	0	0	0	0	0	12.0	12.0	52
36	苫小牧	泰然自若	395.0	50	0	0	0	0	0	0	12.0	12.0	52
45	熊本（八代）	CUBIX	395.5	40	0	0	0	0	0	0	12.0	12.0	52

＊同得点の場合は、耐荷力が高いほうが上位。耐荷力も同じ場合は比強度が高いほうが上位

>>受賞作品>>本選作品 35　WORK 35

火神岳の希

米子高専

藤原 淳○／藤山 愛己（建築学科5年）／藤原 圭康／石原 優奈／
柴田 孝祐／渡部 倖生（建築学科4年）
北農 幸生（担当教員）

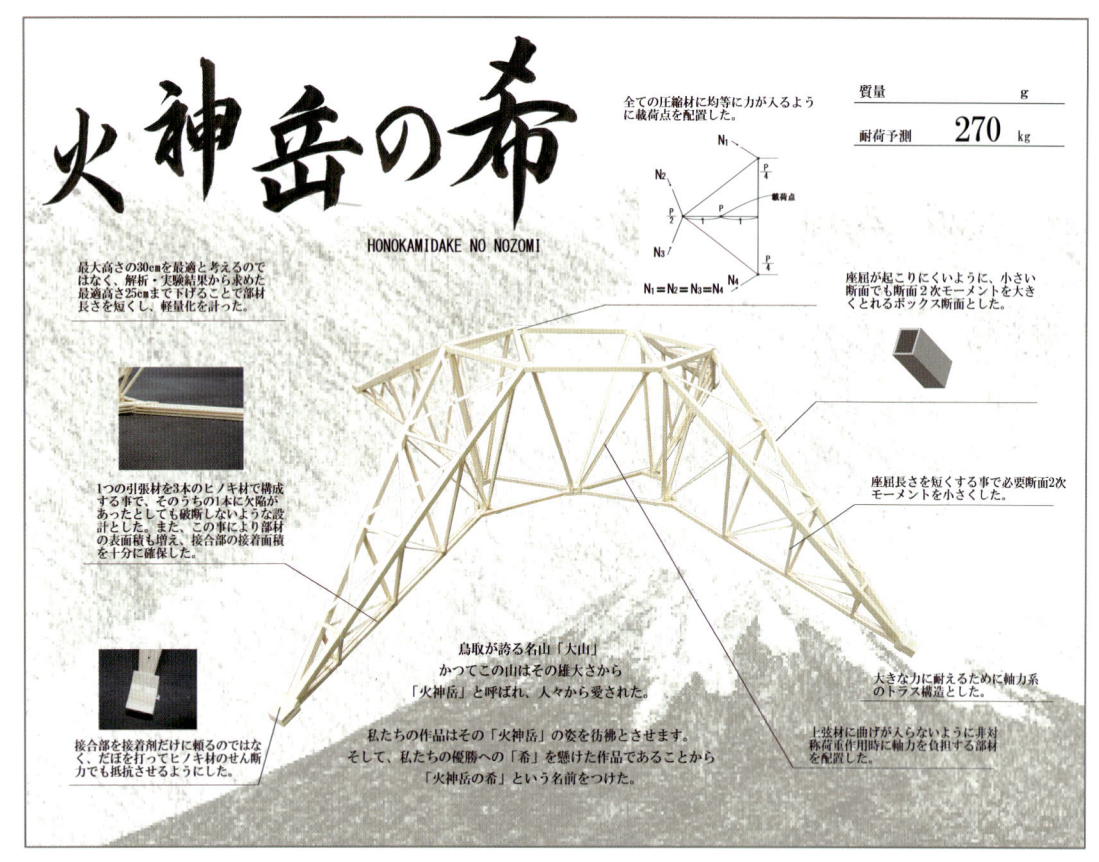

米子2013　最優秀賞　国土交通大臣賞

構造

火神岳の希
HONOKAMIDAKE NO NOZOMI

最大高さの30cmを最適と考えるのではなく、解析・実験結果から求めた最適高さ25cmまで下げることで部材長さを短くし、軽量化を計った。

1つの引張材を3本のヒノキ材で構成する事で、そのうちの1本に欠損があったとしても破断しないような設計とした。また、この事により部材の表面積も増え、接合部の接着面積を十分に確保した。

接合部を接着剤だけに頼るのではなく、だぼを打ってヒノキ材のせん断力でも抵抗させるようにした。

全ての圧縮材に均等に力が入るように載荷点を配置した。

$N_1 = N_2 = N_3 = N_4$

質量　　　g
耐荷予測　270 kg

座屈が起こりにくいように、小さい断面でも断面2次モーメントを大きくとれるボックス断面とした。

座屈長さを短くする事で必要断面2次モーメントを小さくした。

鳥取が誇る名山「大山」
かつてこの山はその雄大さから
「火神岳」と呼ばれ、人々から愛された。

私たちの作品はその「火神岳」の姿を彷彿とさせます。
そして、私たちの優勝への「希」を懸けた作品であることから
「火神岳の希」という名前をつけた。

大きな力に耐えるために軸力系のトラス構造とした。

上弦材に曲げが入らないように非対称荷重作用時にも軸力を負担する部材を配置した。

＊本選メンバー参加者氏名右上の○印は、チームリーダーを示す（以下、73ページまで同）
凡例＝>>本選作品　作品番号

構造

>>受賞作品>>本選作品34　WORK 34

阿弥陀川乃水澄

米子高専

渡部 裕生○／中町 将人／田中 優哉／高森 伸仁（建築学科4年）／渡部 航大（機械工学科2年）／浦木 博之（建築学専攻1年）

北農 幸生（担当教員）

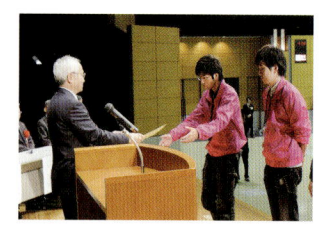

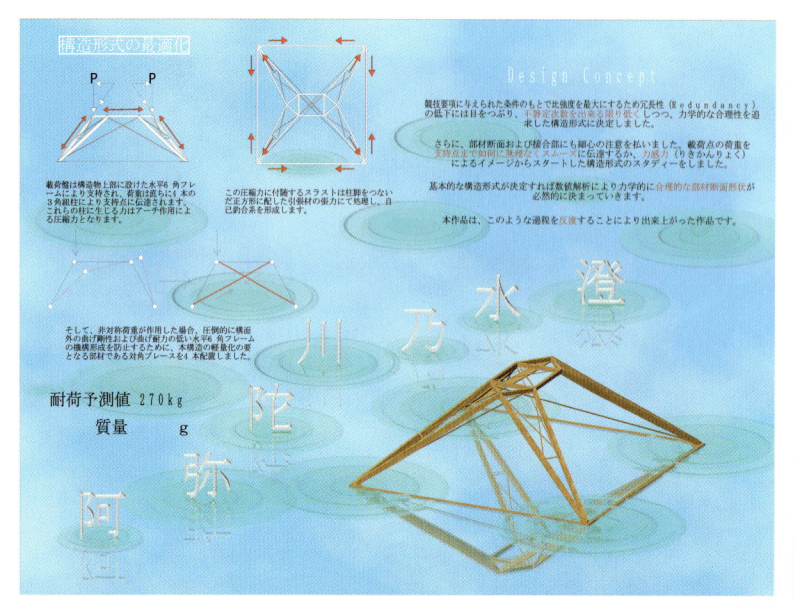

米子優秀賞2013

構造

耐荷予測値 270kg
質量　　g

52 ｜ デザコン 2013 in YONAGO

>>受賞作品>>本選作品 26　WORK 26

Reinforce Tristar

米子
優秀賞
2013

小山高専

五十嵐 毅信○（建築学科 2 年）／菅谷 諒（建築学科 3 年）／茂呂 ほのか（建築学科 3 年）／大川 緋月／柳澤 薫／塩澤 瑞生（建築学科 2 年）

中山 昌尚（担当教員）

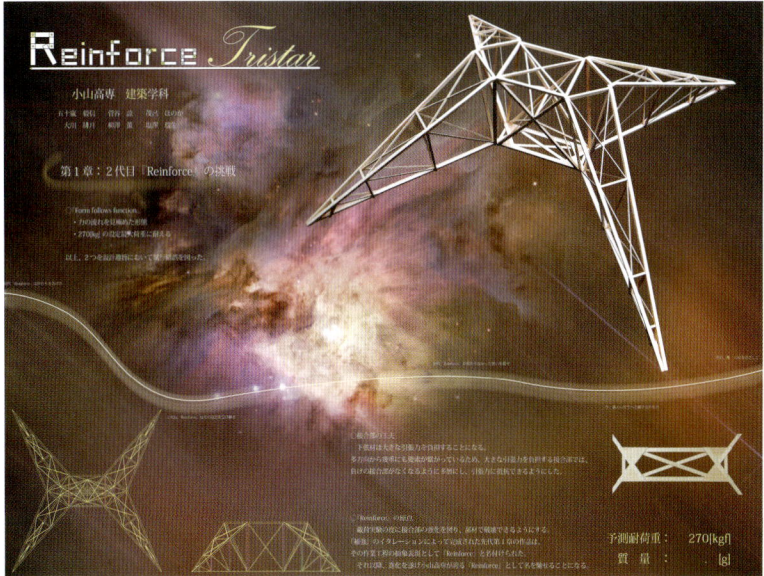

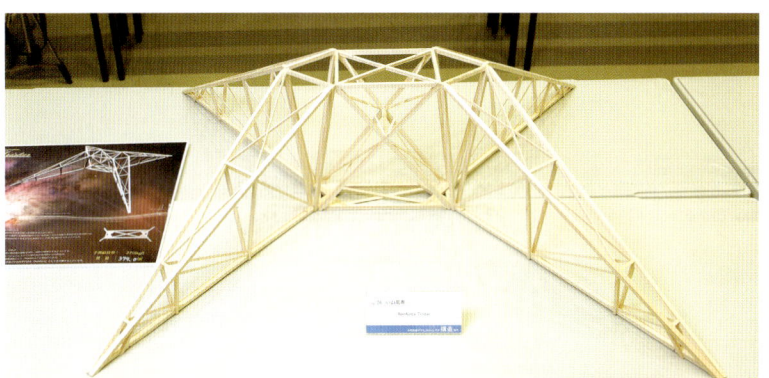

構造

>>受賞作品>>本選作品 25　WORK 25

上遠野流・手裏剣 ～よみ「がえる」～

仙台高専（名取）

佐藤 裕○（生産システムデザイン工学専攻 1 年）／大槻 琢磨／小林 優作／
八森 渉（建築デザイン学科 5 年）／渡辺 哲一朗（建築デザイン学科 4 年）

飯藤 將之（担当教員）

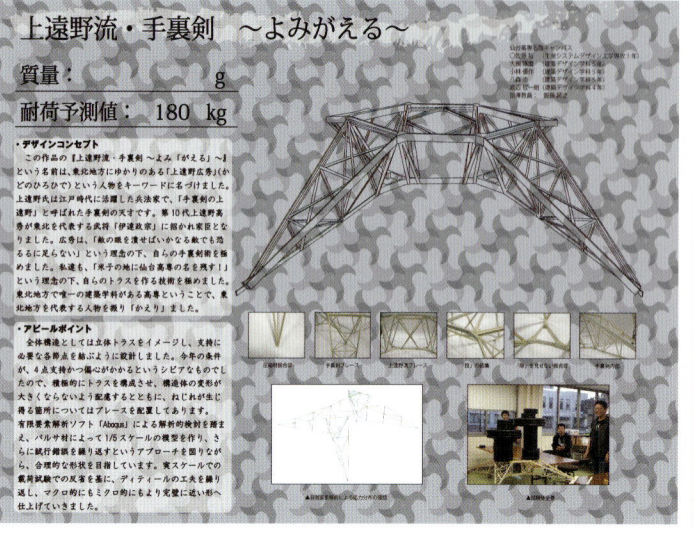

米子
日刊建設
工業新聞社賞
2013

構造

>>受賞作品>本選作品 28　WORK 28

橋たちぬ ～耐えねば～

舞鶴高専

前川 寛太○（建設システム工学科 2 年）／中村 文音（建設システム工学科 5 年）
／舛谷 龍志／山田 啓太郎（建設システム工学科 3 年）長谷川 浩大
（建設システム工学科 2 年）／竹内 正彦（建設システム工学科 1 年）

玉田 和也（担当教員）

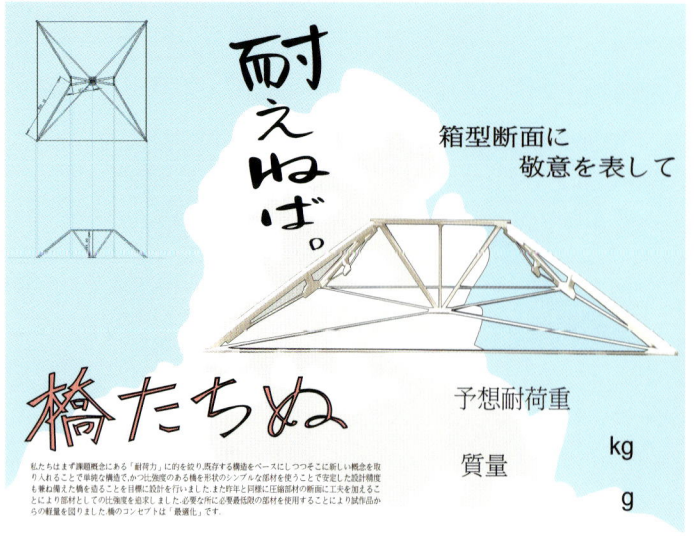

米子
審査委員
特別賞
2013

54 ｜ デザコン 2013 in YONAGO

>>受賞作品>>本選作品51　WORK 51

りったいパズル

石川高専

安藤 桂子○／中川 和恵／倉ケ谷 渚（建築学科4年）／永井 有紗（建築学科5年）

船戸 慶輔（担当教員）

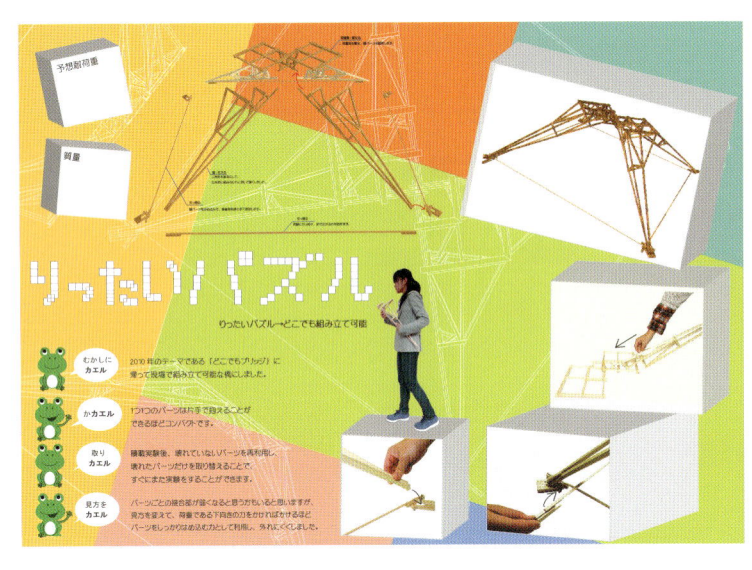

米子審査委員特別賞 2013

構造

>>上位作品>>本選作品31　WORK 31

耐えねば。

呉高専

二鹿 潤一○（建設工学専攻1年）／池本 倫也／小松 弘／森川 翔平（建築学科5年）／沖本 遥／舛本 晶（建築学科4年）

光井 周平（担当教員）

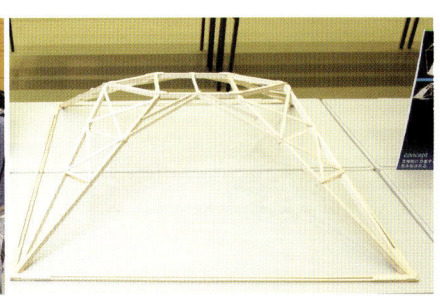

55

\>\>上位作品\>\>本選作品 24　WORK 24

X 橋　〜仙台をふり「かえる」〜

仙台高専（名取）
鈴木 敦詞○（生産システムデザイン工学専攻 2 年）／大塚 拓実／久保田 剛司／
若松 尚輝（建築デザイン学科 5 年）／下川原 恵子／中村 友彌
（建築デザイン学科 4 年）
飯藤 將之（担当教員）

構造

\>\>上位作品\>\>本選作品 22　WORK 22

K K

新居浜高専
金藤 和洋○／田中 康裕（機械工学科 5 年）
谷口 佳文（担当教員）

\>\>上位作品\>\>本選作品 2　WORK 2

Gorilla

秋田高専
菊地 崇寛○／荒川 良祐／石井 聖（環境都市工学科 4 年）
恒松 良純（担当教員）

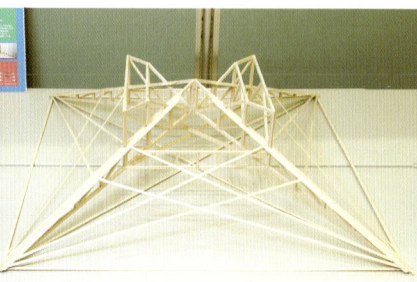

>>上位作品>>本選作品 20　WORK 20

トライペンド

釧路高専
村上 稜○／湊谷勇武（建築学科 4 年）／村津 雄斗／岩本 拓也（建築学科 3 年）／
板谷 春樹（1 年）

西澤 岳夫（担当教員）

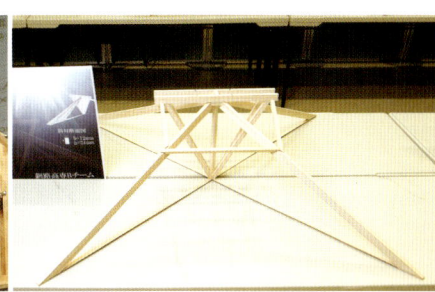

>>上位作品>>本選作品 23　WORK 23

χ

新居浜高専
中川 一真／福島 航○（機械工学科 5 年）

谷口 佳文（担当教員）

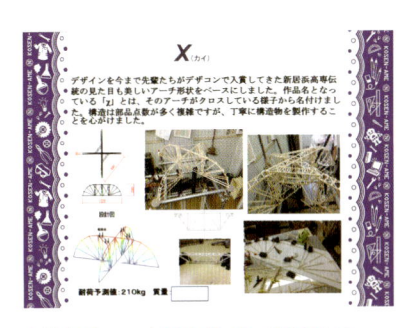

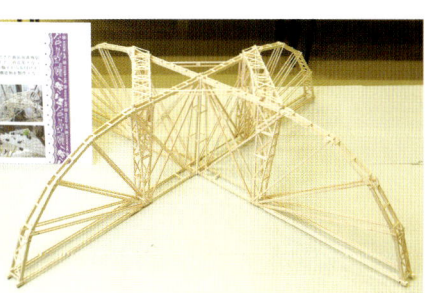

>>上位作品>>本選作品 19　WORK 19

dual

都城高専
南 真紀／鮫島 亮○（建築専攻 2 年）／中原 桃子
（建築専攻 1 年）／上野 新矢／平川 美里／奥村 美紀
（建築専攻 4 年）

奥野 守人（担当教員）

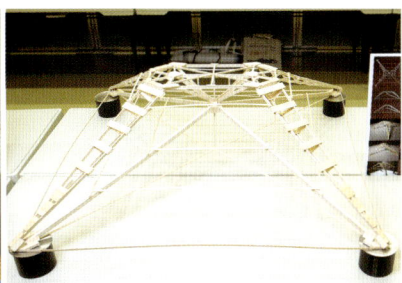

構造

57

>>上位作品>>本選作品 39　WORK 39

とらいあんぐるコーン

八戸高専

西野 崇行○／小野 光太郎／沖津 槙吾／工藤 悠揮／
浪岡 もみじ／小野 美里（建設環境工学科4年）

丸岡 晃（担当教員）

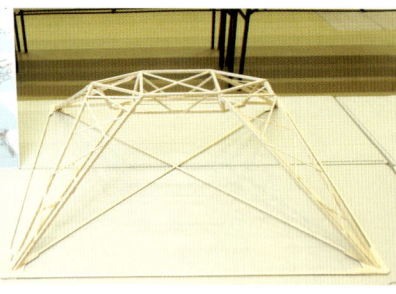

>>上位作品>>本選作品 54　WORK 54

栄光の×橋

岐阜高専

片桐 彰吾○／今西 勇介／須崎 雅人／裁 康将／
長谷川 慧（建設工学専攻1年）

廣瀬 康之（担当教員）

>>上位作品>>本選作品 4　WORK 4

テトラス

神戸市立高専

樫原 太基○／安藤 繁人／岩佐 勇毅（都市工学専攻1年）

上中 宏二郎（担当教員）

58 ｜ デザコン 2013 in YONAGO

\>>上位作品>>本選作品 9　WORK 9

Attack on Roof

福島高専

磯上 友輝／金成 雅季○（建設環境工学科 3 年）／
鹿又 善憲（建設環境工学科 2 年）

根岸 嘉和（担当教員）

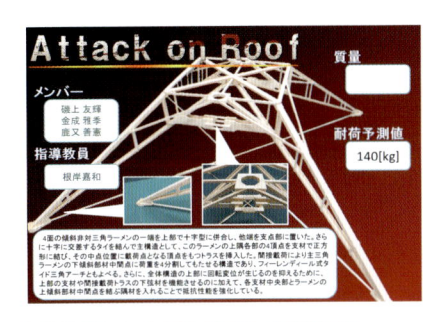

\>>上位作品>>本選作品 33　WORK 33

CROSSEPARATiON

福井高専

蓑輪 圭祐○／田谷 修人（環境都市工学科 5 年）／小鍛治 聡／坪川 貫太／
野中 貴広（環境都市工学科 3 年）／山本 洵（機械工学科 5 年）

阿部 孝弘／吉田 雅穂／辻野 和彦（担当教員）

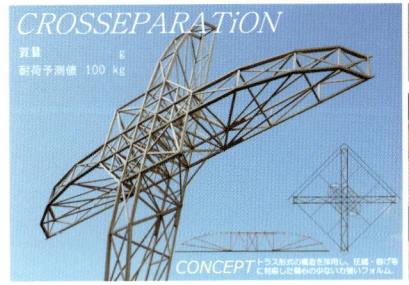

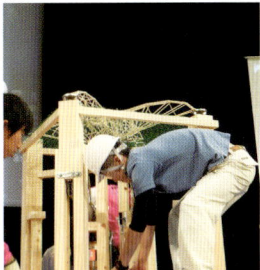

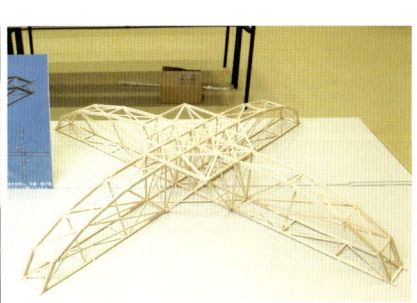

\>>本選作品 12　WORK 12

定

香川高専（高松）

韓 定浩／長尾 涼平／増尾 敬○（建設環境工学科 4 年）

太田 貞次（担当教員）

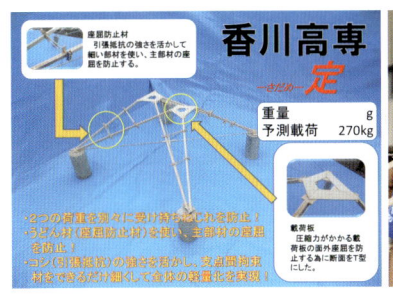

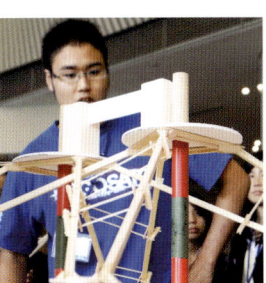

構造

構造

>>上位作品>>本選作品 40　WORK 40

GNCT ブリッジ

岐阜高専

古田 大介○／今枝 弘貴／堀 裕貴／石原 拓磨
（建設工学専攻 1 年）

下村 波基（担当教員）

>>上位作品>>本選作品 61　WORK 61

monsters boX

香川高専（高松）

桟敷 春希○／中野 功詞／山形 昂平／町田 峻一
（機械工学科 3 年）

福井 智史（担当教員）

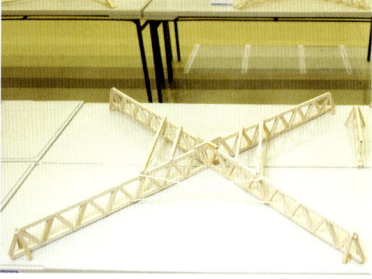

>>上位作品>>本選作品 43　WORK 43

ANAN Truss 2013

阿南高専

大宮 諒○／岩生 知樹／岡 拓磨（建設システム工学科 5 年）／
川上 千穂（建設システム工学科 4 年）

笹田 修司（担当教員）

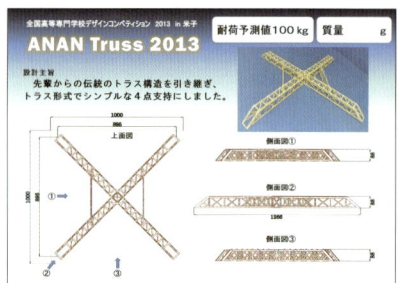

60 ｜ デザコン 2013 in YONAGO

>>上位作品>>本選作品18　WORK 18

東雲 - Shinonome -

都城高専

内窪 葵／川越 貴友／川﨑 徳仁／新川 裕也／
德留 慎也○（建築学科5年）

奥野 守人（担当教員）

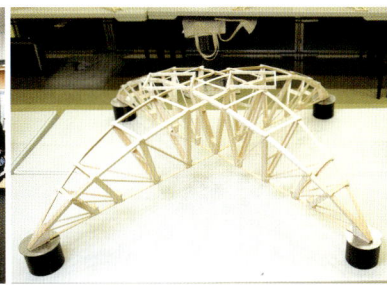

>>上位作品>>本選作品59　WORK 59

ミミック・トニー

和歌山高専

田中 浩碁○／石徹白 翔太／片井 大介（環境都市工学科3年）／野田 成千佳
（環境都市工学科2年）／中筋 裕貴（環境都市工学科4年）／山形 真徳（環境都市工学科5年）

山田 宰（担当教員）

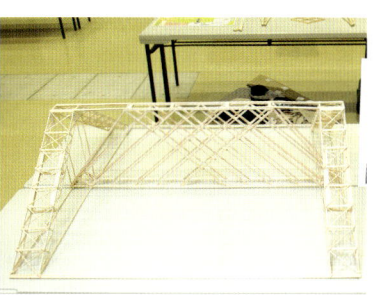

>>上位作品>>本選作品15　WORK 15

ゆりぴー

松江高専

石本 雅貴／川島 将太／池田 百合奈○（環境・建設工学科3年）／
児玉 悠（環境・建設工学科4年）／粟谷 拓哉（電子情報システム工学専攻2年）／
後藤 和也（生産・建設システム工学専攻2年）

荒尾 慎司（担当教員）

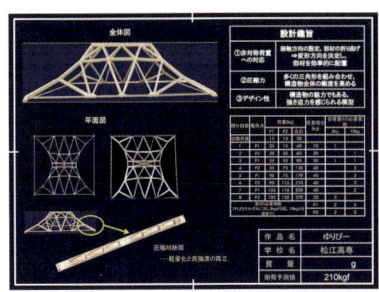

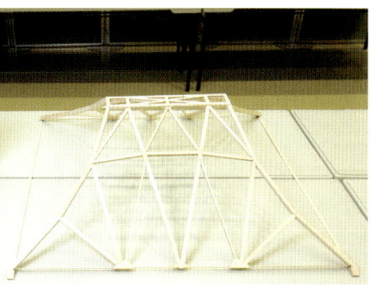

構造

61

>>上位作品>>本選作品 27　WORK 27

架ける

舞鶴高専

上原 航○／森下 泰地（建設システム工学科 3 年）／
中村 公音／古田 響（建設システム工学科 2 年）／
上原 直也／横山 瑠南（建設システム工学科 1 年）

玉田 和也（担当教員）

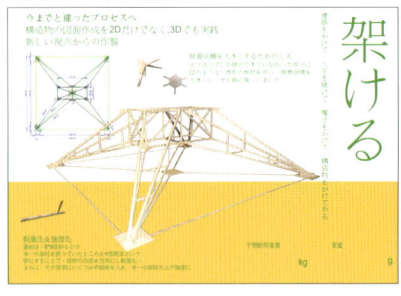

構造

>>上位作品>>本選作品 14　WORK 14

あッキー

松江高専

長岡 洸紀○／井上 瑛子（環境・建設工学科 4 年）／原 拓郎（電子制御工学科 2 年）／
糸賀 達也（環境・建設工学科 2 年）／田中 建治／川谷 光風（環境・建設工学科 1 年）

荒尾 慎司（担当教員）

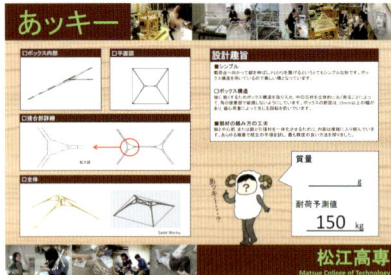

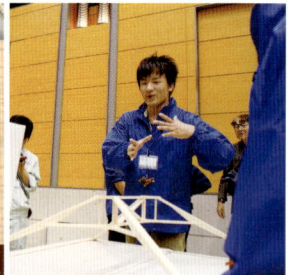

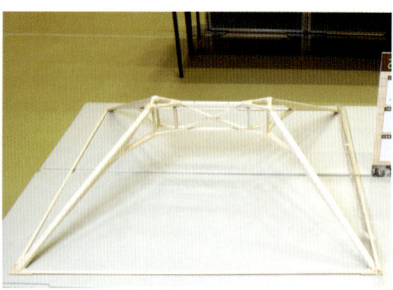

>>上位作品>>本選作品 46　WORK 46

X（ばってん）トランス

熊本高専（八代）

草原 海斗／畑野 利章／早野 彰人／松川 誠○／
丸永 慎也（建築社会デザイン工学科 4 年）

岩坪 要（担当教員）

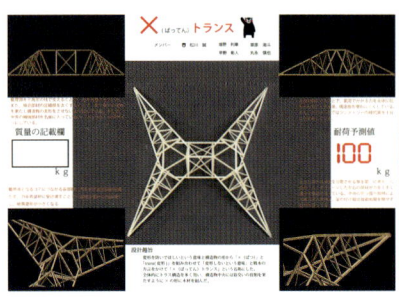

62 ｜ デザコン 2013 in YONAGO

\>\>上位作品\>\>本選作品 3　WORK 3

『arch』itecture

高知高専

又川 嵩哉○／中平 直樹／畑中 大地／中山 裕也／
佐竹 ちとう（環境都市デザイン工学科 5 年）

小田 憲史（担当教員）

構造

\>\>上位作品\>\>本選作品 52　WORK 52

つくってこわそ ～はじめてのアーチ～

大阪府立大学高専

櫻木 悠貴○／倉谷 太以地／岡本 綾太
（総合工学システム学科環境都市システムコース 5 年）

小幡 卓司（担当教員）

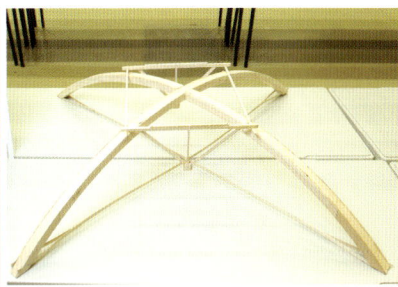

\>\>上位作品\>\>本選作品 56　WORK 56

玄武 -Genbu-

徳山高専

山中 隆寛○（土木建築工学科 5 年）／志賀 菜帆／
八塚 亮平／山根 達郎（土木建築工学科 3 年）／
中辻 英子／西川 明花（土木建築工学科 2 年）

海田 辰将（担当教員）

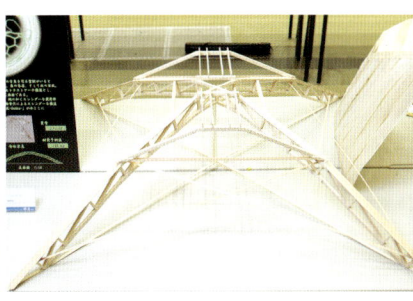

63

>>本選作品30 WORK 30

さくらッシュ

鹿児島高専

岩井迫 蘭○／宇都 杏里
（都市環境デザイン工学科3年）／
秋窪 紗希（都市環境デザイン工学科1年）

川添 敦也（担当教員）

構造

>>本選作品21 WORK 21

wiz Ⅰ

釧路高専

鳴海 舜○／新村 翔（建築学科4年）／
金澤 太知／加藤 健一（建築学科3年）／
原 健多郎（建築学科2年）

西澤 岳夫（担当教員）

>>本選作品13 WORK 13

トラスの構造

神戸市立高専

畑 康隆○／野田 晃平／藤井 美智子／井筒 航／
大畑 亮馬（都市工学科4年）

上中 宏二郎（担当教員）

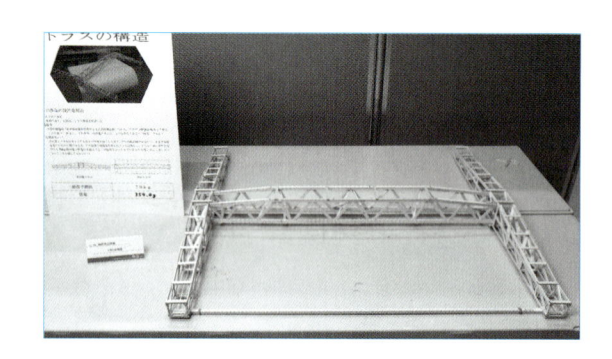

64 ｜ デザコン 2013 in YONAGO

>>本選作品 53　WORK 53

つくってこわそ
~かなけんと作るトラス~

大阪府立大学高専

金田 健吾○／米井 千学
（総合工学システム学科環境都市システムコース 5 年）

小幡 卓司（担当教員）

>>本選作品 49　WORK 49

手裏剣っぽ層

長岡高専

佐藤 信輔○／樋口 志那／今井 泰斗
（環境都市工学学科 3 年）／
中村 真由／佐藤 璃奈（環境都市工学学科 1 年）

宮嵜 靖大（担当教員）

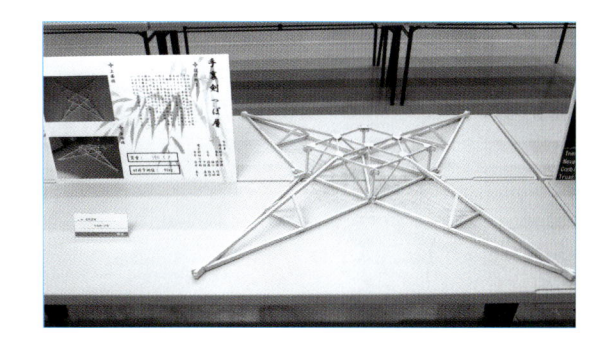

>>本選作品 7　WORK 7

A CHI CHI アーチ
~エキゾチック・AKASHI~

明石高専

辻 知樹○／井上 晃祐／鳥越 友輔／納庄 一希／
則定 良基／福岡 将士（都市システム工学科 3 年）

三好 崇夫（担当教員）

構造

>>本選作品 60　WORK 60

一 (はじめ)

和歌山高専
上田 浩史郎○／大倉 康平（環境都市工学科 3 年）／
落合 将士／九鬼 花衣里／
南 綾那（環境都市工学科 2 年）／
木村 理孝（環境都市工学科 5 年）

山田 宰（担当教員）

構造

>>本選作品 10　WORK 10

焼きまんじゅう

群馬高専
下平 幸英○（環境都市工学科 4 年）／菊池 力斗
（環境都市工学科 3 年）／青木 孝成／田村 彩由郁
（環境都市工学科 2 年）／仲澤 結絵
（環境都市工学科 1 年）／
小池 光右（環境都市工学科 5 年）

木村 清和（担当教員）

>>本選作品 57　WORK 57

濡れぬ先の傘

徳山高専
丸山 直也○／藤村 幸大／津野 翼／中嶋 泰史／
小山 諒子（土木建築工学科 3 年）／
沖 知葉（土木建築工学科 1 年）

海田 辰将（担当教員）

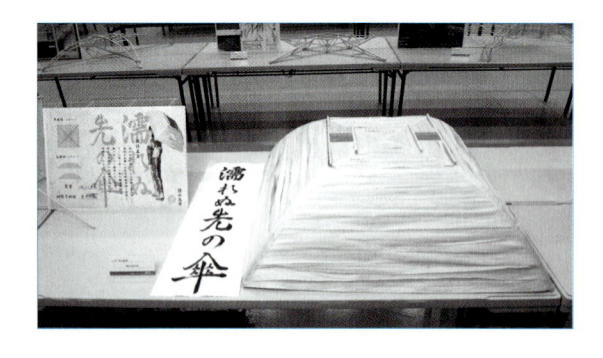

66 ｜ デザコン 2013 in YONAGO

>>本選作品 38　WORK 38

アトラス

八戸高専
神久保 知希○／山内 章寛／齊藤 佑二／
須田山 綾介／熊野 大介（建設環境工学科 5 年）

丸岡 晃（担当教員）

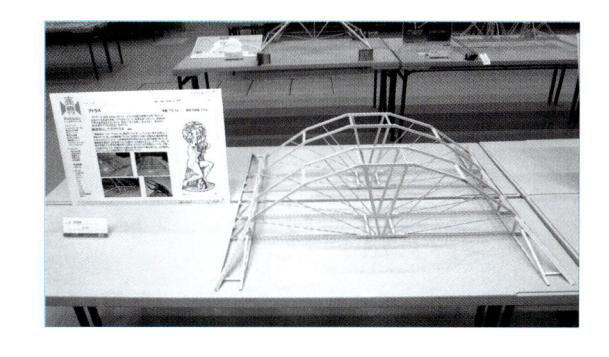

>>本選作品 55　WORK 55

A・RA・SHI

呉高専
畑田 正樹○／坂口 美里／植木 拓矢
（環境都市工学科 5 年）／
土田 康弘（環境都市工学科 4 年）／
岡部 知里／上岡 雅子（環境都市工学科 3 年）

河村 進一（担当教員）

>>本選作品 48　WORK 48

C.T.S

長岡高専
井口 建斗○／小川 朝水／菊池 都／佐々木 悠祐
（環境都市工学科 5 年）

宮嵜 靖大（担当教員）

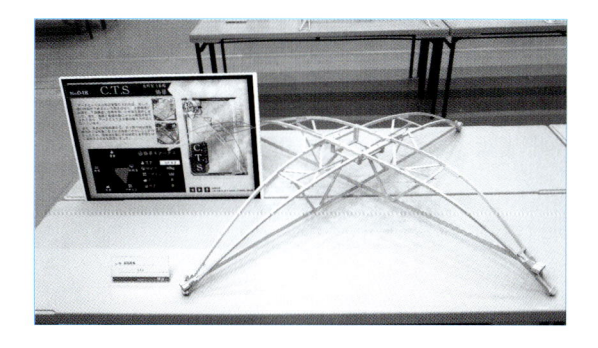

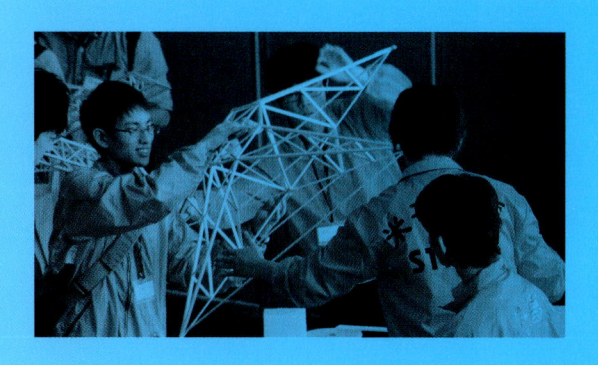

構造

>>本選作品 44　WORK 44

DELTA PORT XV

阿南高専

高橋 瑞樹○／金澤 優樹（建設システム工学科 5 年）／
角谷 龍成／秦 健二（建設システム工学科 4 年）

笹田 修司（担当教員）

構造

>>本選作品 5　WORK 5

四大柱棟

有明高専

三栗野 鈴菜○／大塚 友稀／多田隈 勇希／
兵藤 安季紗（建築学科 3 年）

下田 誠也（担当教員）

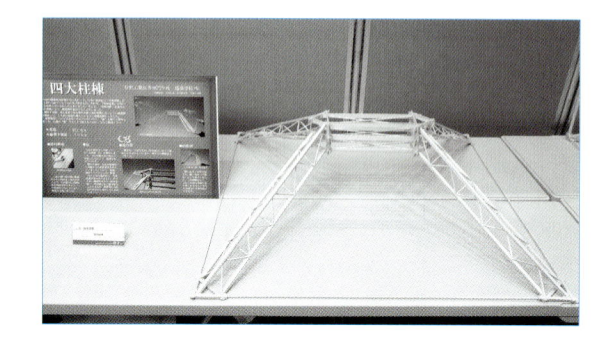

>>本選作品 11　WORK 11

流鏑馬

群馬高専

井野 裕輝（環境都市工学科 5 年）／平井 千愛美○
（環境都市工学科 3 年）／大熊 里奈／柳田 香穂／
堀口 きらら／江口 尋之（環境都市工学科 2 年）

木村 清和（担当教員）

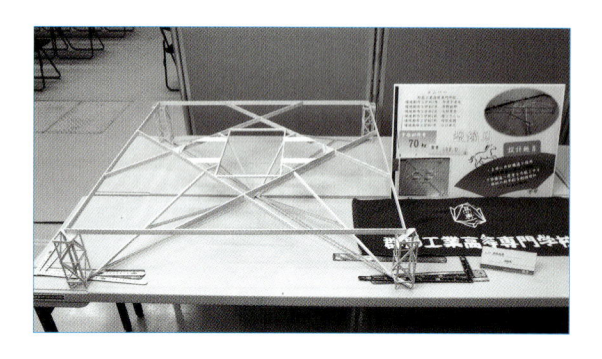

>>本選作品 32　WORK 32

J.M. ダイヤモンド

福井高専

井向 日向○／長谷川 裕紀／森 淳之介／山本 真生／
渡辺 廉人／ドゥグルスレン（環境都市工学科 4 年）

阿部 孝弘／吉田 雅穂／辻野 和彦（担当教員）

>>本選作品 1　WORK 1

豊田四点支持構造物

豊田高専

中西 玄樹○／尾崎 優貴／伊藤 慶／桂川 隼斗／
藤田 陽司／加藤 崇洋（建設工学科 1 年）

川西 直樹（担当教員）

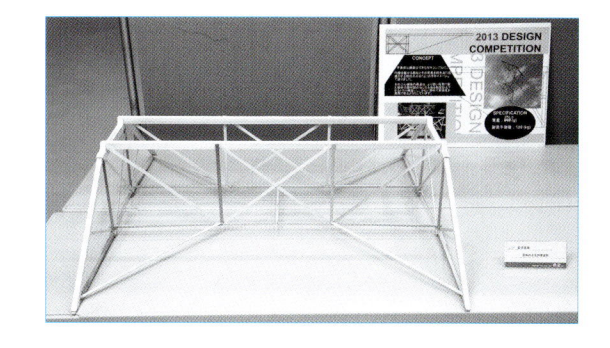

構造

>>本選作品 8　WORK 8

あめんぼもどき

福島高専

伊藤 勇輝／遠藤 健悟○／原田 真衣
（建設環境工学科 3 年）

根岸 嘉和（担当教員）

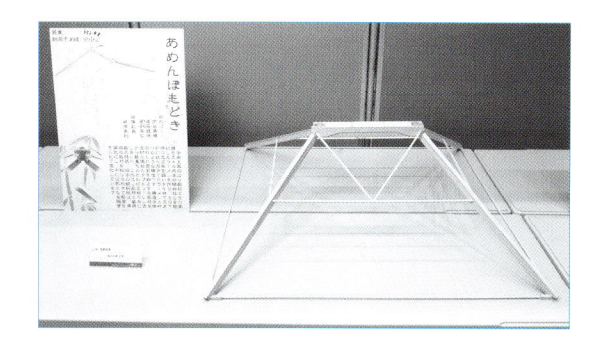

69

>>本選作品 41　WORK 41

タートルアーチリッチ SAEKI

近畿大学高専
佐伯 祐太○／杉本 燎介（総合システム工学科 5 年）／
小西 瑞穂（生産システム工学科専攻 2 年）

松岡 良智（担当教員）

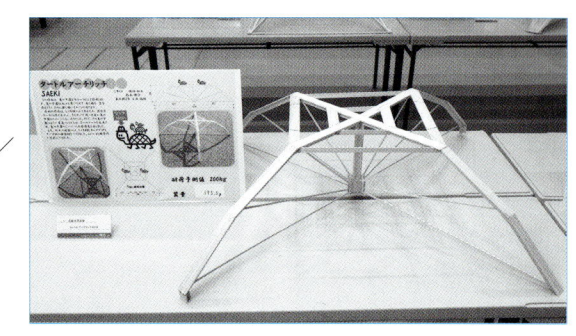

>>本選作品 6　WORK 6

構造

倍載荷だ！

明石高専
越智 尊晴○／長谷川 尚輝（都市システム工学科 5 年）／
竹中 敦哉／三輪 幸佑／小松 健太（建築学科 5 年）

石丸 和宏（担当教員）

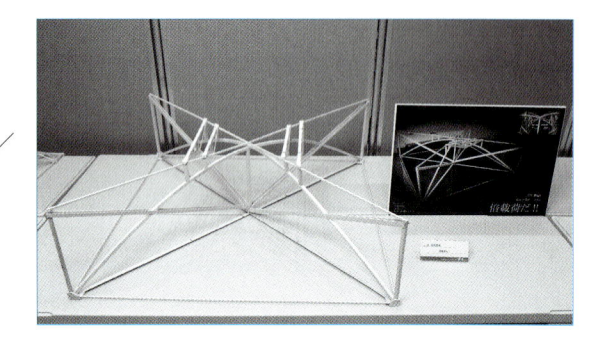

>>本選作品 47　WORK 47

Reinforce Alt

小山高専
池田 貴大／石塚 佳孝／福田 亘輝／古澤 賢也○／
松本 将和（建築学科 5 年）／
古畑 裕生（建築学科 3 年）

中山 昌尚（担当教員）

>>本選作品 58　WORK 58

仔馬

津山高専
磯村 和貴○／赤崎 里奈（機械工学科 5 年）
塩田 祐久（担当教員）

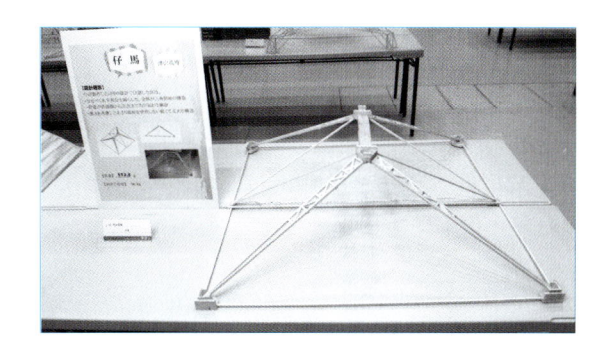

>>本選作品 42　WORK 42

KO・TA・TU

近畿大学高専
岩田 和希○／久原 誠（総合システム工学科 5 年）／
岩田 啓（生産システム工学科専攻 2 年）
松岡 良智（担当教員）

>>本選作品 50　WORK 50

I・N・C・Truss

石川高専
伊藤 勇仁○／浮田 紳二／石川 豊／杉本 裕哉／
吉崎 努（建築学科 4 年）
船戸 慶輔（担当教員）

構造

>>本選作品16　WORK 16

FUJI

長野高専
良川 賢斗○／手塚 雄大／長峯 史弥／大塚 光雄／
野本 明里／久保田 萌（環境都市工学科5年）

永藤 壽宮（担当教員）

>>本選作品37　WORK 37

構造

享楽主義

苫小牧高専
秋田谷 肇○／荒木 大／畑田 勇樹／松田 拓也
（環境都市工学科3年）／平間 史泰／山家 昂大
（環境都市工学科5年）

所 哲也（担当教員）

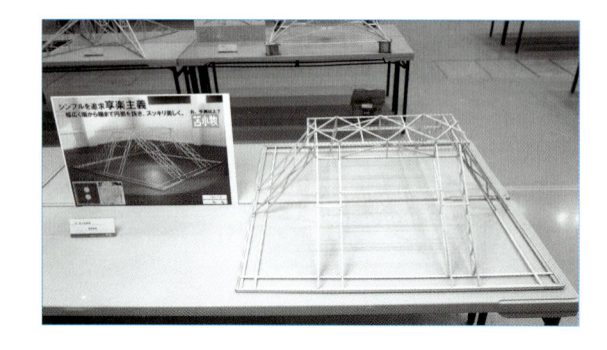

>>本選作品17　WORK 17

はつ

長野高専
荻原 健太朗／風間 悠吾／倉橋 将幸／野口 亮輔○／
深川 栄美／湯本 菜央（環境都市工学科4年）

永藤 壽宮（担当教員）

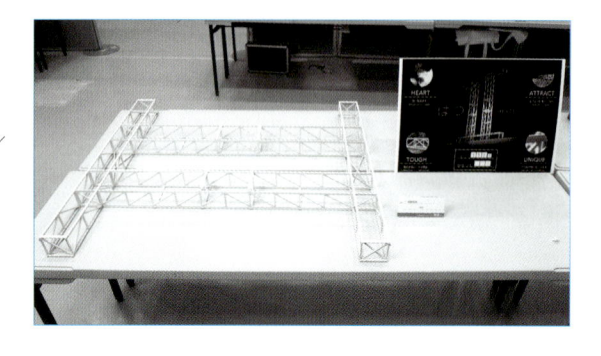

72 ｜ デザコン 2013 in YONAGO

>>本選作品 29　WORK 29

Camel Clutch

金沢高専
東野 修斗○／中村 俊仁／古田 万智／谷内 翼
（機械工学科 5 年）
金井 亮（担当教員）

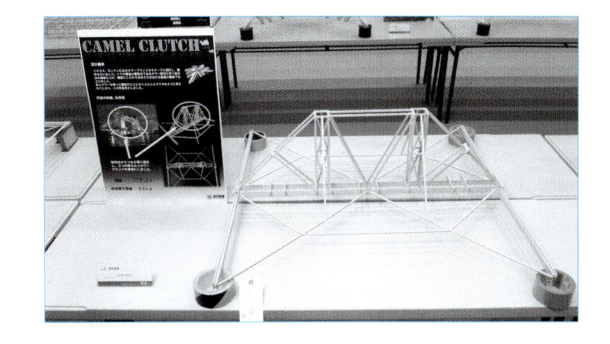

>>本選作品 36　WORK 36

泰然自若

苫小牧高専
橋本 直樹○／安居 楓／三橋 拓朗／斉藤 真歩／
田中 晴也／山田 瑶一郎（環境都市工学科 5 年）
所 哲也（担当教員）

>>本選作品 45　WORK 45

CUBIX

熊本高専（八代）
坂本 勇太○／藏原 周太朗／山口 駿／小松 黛芽／
吉海 光大／松下 亘生
（建築社会デザイン工学科 1 年）
岩坪 要（担当教員）

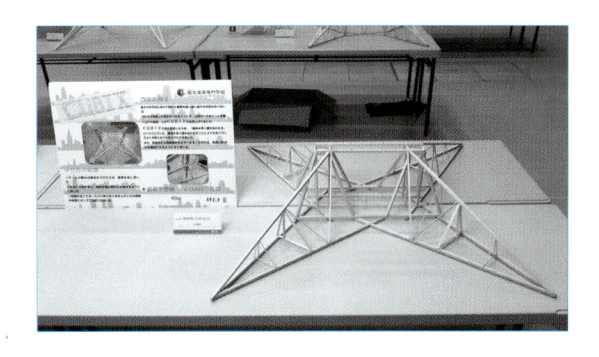

構造

環境

デザイン部門

>>タイムライン TIME LINE

予選応募 — **42** — 予選 — **6** — 本選出場者25人を4〜5人×6チームの
2013/09/02-09　　2013/09/12　　　ワークショップチームに編成

本選

2013/11/08　皆生温泉泊

1　主旨・課題説明

2　皆生温泉街の街歩き

3　提案作成

2013/11/09　皆生温泉泊

4　提案作成

5　中間発表・講評

6　提案作成

2013/11/10　皆生温泉→米子コンベンションセンター

7　プレゼンテーション

8　公開審査会

最優秀賞(文部科学大臣賞)　釧路高専+米子高専+サレジオ高専／
日本一友だちの多い街皆生！へ

優秀賞　阿南高専+米子高専+大阪府立大高専／ボードウォーク

仙台高専(名取)+明石高専+有明高専／松葉ガニが結ぶ地域のつながり

審査委員特別賞　阿南高専+石川高専／Try!! Athlon!!　3つの競技で地域こうけん

釧路高専+阿南高専／高齢促進街

阿南高専+サレジオ高専+明石高専／皆生とトモに

>>課題テーマ THEME

もっと豊かな湯のまち

　環境デザイン部門では、今回、ワークショップ形式によって、鳥取県米子市にある皆生(かいけ)温泉の活性化への提案を求めます。実現の可能性と独自性とが上手にバランスのとれた提案になることをめざしています。皆生温泉をフィールドとして得られた温泉地の課題を解決するためのアイデアは、全国に立地する各高専の近隣の温泉地の再生のためにもきっと役に立つと考えています。

　予選では、ワークショップに参加したい学生に、皆生温泉の課題を解決するアイデアなどの提案を応募してもらい、審査を通して24人程度となるように予選通過者を選定します。

　本選では、予選通過者を高専・学科の混成する4〜5人のグループに再編成します。新たなチームで、皆生温泉に宿泊・滞在しながら、ワークショップを通して、皆生温泉のもっと豊かな活用方法を提案してもらいます。

　「まち」やそれを取り巻く環境を現状よりも良いものへ「変える」ことは、そこに住み働く人々の意識や行動を変え、生活を変え、人生を変えることによって、はじめて成し遂げられます。人々の意識や行動を「変化させる何か」「豊かにする何か」として見つめ直すことが、「まち」や環境をより良く変えるための原動力になるのです。

　参加する学生には、皆生温泉に関わるさまざまな人々の本当の「豊かさ」とは何なのか、どうすれば「豊かさ」を増幅できるのかを多角的な視点から考えてほしいと思います。

＊本書の文中や表中で記載している「高専」は、工業高等専門学校および高等専門学校の略称

12
皆生温泉
Kaike Spa
五条通り
GOJŌ St.
고조거리
가이케해안
皆生海岸
KAIKE BEACH
四条通り
SHIJŌ STREET
시조거리
皆生温泉地内
防犯カメラ作動中

>>本選>>本選データ　DATA

本選

環境

課題テーマ＝「もっと豊かな湯のまち」
計画地＝鳥取県米子市皆生温泉
審査委員長＝山崎 亮
応募条件＝1人または2人グループまでによるもの
応募期間＝
質疑期間：2013年4月8日（月）〜5月7日（火）
質疑回答：2013年5月下旬より順次ホームページにて公表
予選提出物の提出期間：2013年9月2日（月）〜9日（月）
応募数＝42作品（70人、15高専）

本選審査
日時＝2013年11月8日（金）〜10日（日）
会場＝鳥取県米子市皆生温泉　米子市観光センター、米子コンベンションセンター BiG SHiP　情報プラザ
審査委員長＝山崎 亮
本選ワークショップ指導協力＝西上 ありさ、丸山 傑、花房 育美（studio-L）
本選ワークショップ運営協力＝皆生温泉旅館組合
公開審査会コメンテーター＝宇田川 英二（皆生温泉旅館組合組合長）

参加者＝25人（15作品、9高専）
　　　→男女別4〜5人の6チームに再編成
本選提出物＝
プレゼンテーション・ポスター：皆生温泉内でワークショップを重ねてまとめた提案（A1判数枚）
プレゼンテーション用データ：プレゼンテーションでの発表に使用

審査過程＝
日時：2013年11月8日（金）13：00〜
会場：皆生温泉　米子市観光センター
1　主旨・課題説明
2　皆生温泉街の街歩き
3　提案作成
日時：2013年11月9日（土）13：00〜18：00
会場：皆生温泉　米子市観光センター
4　提案作成
5　中間発表・講評
6　提案作成
日時：2013年11月10日（日）10：30〜14：00
会場：皆生温泉→米子コンベンションセンター
7　プレゼンテーション　11：00〜13：00
（各チーム発表8分質疑応答5分）
8　公開審査会　13：00〜14：00

76　｜　デザコン 2013 in YONAGO

77

>>本選概要　OUTLINE

皆生をめぐる、あれやこれや

学校混成の新チームで交流と本選準備スタート
──SNSやWebで遠距離交流

　2013年9月下旬に、予選を通過した本選出場学生25人と補欠9人を発表。10月1日締切の出場確認で辞退者が出なかったため、当初選出された25人の本選出場が決定した。

　その後、出身学科や学年のバランスをもとに、男女別の6チーム（1チーム4人から5人）を編成。山崎審査委員長から了承を得て、A～Fのチーム編成（86～91ページ参照）を発表した。

　2013年1月に山崎審査委員長たちからワークショップの事前指導を受けた米子高専の専攻科の学生をファシリテータとして、各チームに1人ずつ配置。10月第2～3週には、プロフィールや予選審査講評文への感想を各チームのメンバーで共有できるようになった。続く10月第4週以降には、各チーム内で予選で応募したコンセプトポスターの画像を共有したり、SNSやWeb動画を使った交流を深めるなかで、リーダーの選出や本選の準備、提案の方向性に関する相談なども動き始めた。

皆生と出合い、熱い指導が降り注ぐ刺激的な
ワークショップ
──本選ワークショップ経過

　環境デザイン部門の活動は、デザコンの他部門より1日早い11月8日午後からスタートした。会場も他部門とは別で、計画地である皆生温泉地区内の米子市観光センター（多目的ホール、研修室）。山崎審査委員長が代表を務めるstudio-Lのスタッフ3人（西上ありさ、丸山傑、花房育美）を指導協力者として、ワークショップを実施した。そして、本選期間中の8～10日は、皆生温泉内の温泉付きホテルに宿泊。参加学生たちは、さらに、ホテル内のラウンジや各宿泊室でも提案づくりを進めた。

　初日8日は皆生温泉旅館組合の案内で、皆生温泉街、皆生海岸、東光園（意匠設計：菊竹清訓）、皆生神社を巡る「まち歩き」を通して、皆生の良いところ、課題のあるところを見つけていった。その後、チームごとに「まち歩き」の結果を模造紙と付箋を使ってまとめ、夕方にはまとめた内容をそれぞれ発表した。

　夜間は皆生海岸のブラックライトアートを全員で見学し、夜の皆生温泉街の雰囲気を体験。宿泊ホテルでは塩

環境

泉温泉の大浴場に入浴するなど、参加学生や専攻科ファシリテータたちは懇親を深めた。

2日目の9日午前中は、チームごとに再度の「まち歩き」や提案の作成作業を進めた。午後には、studio-L スタッフによるチームごとの相談時間を設け、スタッフは各チームのテーブルを回りながら、学生たちがまとめようとしているアイデアについてアドバイスをした。

16時からの2時間が中間発表会。山崎審査委員長をはじめ、各校の引率教員の前で、各チーム5分の持ち時間で提案を発表した。ワークショップの様子を見学に来た国立高等専門学校機構の理事長の顔もあった。

発表後、山崎審査委員長から各チームに対して、それぞれアドバイスがあった。模造紙にスケッチしながらの熱い指導は、学生たちにとって刺激的で、ライブ感いっぱいだった。複数の課題に取り組んでいるチームには、課題を絞り込んだ上で改善策の提案を具体化する方法を指導。また、改善策による地域の成長を、観光客などの目に見える形にする方法や、最終のプレゼンテーション用のプレゼンテーションボード（以下、プレゼンボード）でのレイヤー（階層構造でまとめること）や時間軸を使っ

た表現方法についてまで、アドバイスの内容は具体的で、多岐にわたった。

その内容を踏まえて、各チームはほぼ徹夜に近い形で最終日10日のプレゼンテーションに向けて、プレゼンボードやプレゼンテーション資料、模型などの作成に努めた。

柔軟性の高かった女子チームに華
―― 本選審査経過

10日は、最終審査の日。朝起きると一同、デザコンのメイン会場に移動した。

11時から最終プレゼンテーションがスタート。

審査に先立って、山崎審査委員長が審査の決定権をもつことを確認した上で、指導協力者（西上ありさ、花房育美）とコメンテーターの皆生温泉旅館組合長（宇田川英二）の3人に参考意見をもらいたいという提案が、山崎審査委員長よりあった。そこで、3人も、それぞれ評価シートに基づいて評価点とその理由を記入することになった。

発表順は、提案作品の完成状況をもとにチーム間で相

環境

>>本選概要　OUTLINE

談して、以下の順になった。

『Try!! Athlon!!　3つの競技で地域こうけん』(Dチーム)
『日本一友だちの多い街皆生！へ』(Aチーム)
『皆生とトモに』(Eチーム)
『ボードウォーク』(Fチーム)
『松葉ガニが結ぶ地域のつながり』(Bチーム)
『高齢促進街』(Cチーム)

　それぞれ、プレゼンボードとプロジェクターを使って、順にプレゼンテーションを進めた。
　質疑応答では、課題が十分に絞り込めていない点、問題解決の前提となる宿泊者数の誤り、利用しようとしていた材料の加工の難しさ、といった提案の具体性や実現性を問う質問が頻出した。学生たちは今日までに体験した皆生の様子や、ワークショップで相談してきた提案作成の経過を踏まえながら、懸命に質問へ回答した。
　その後の公開審査会は、情報プラザで、出場学生全員がプレゼンボードを持ってチームごとに座り、山崎審査委員長がマイクで進行する形で実施した。まず山崎審査委員長が、各チームごとに、提案や今回のワークショップについての感想を求め、「他校の学生との協働作業ははじめてで大変だったが、新鮮な体験だった」などの発言があった。
　続いて、指導協力者やコメンテーターから、総評とともに高く評価する作品についてコメントがあった。指導者からのアドバイスに対する女子学生チームの柔軟な対応力を評価する一方で、男子学生チームの対応力不足を指摘する厳しいコメントもあった。またコメンテーターからは、将来にわたって地元に形として残るような提案をしたチームへの期待を込めたコメントもあった。
　その後、審議のなかで概ね優勢だった提案から上位3作品が定まり、最終的に山崎審査委員長が6作品の各賞を決定した。

（細田 智久・米子高専）

環境

審査委員長講評
競争と交流を通した大きな学び

山崎 亮
審査委員長

　私たちが提案しているコミュニティデザインは、その地域に住んでいる人たちや働いている人たちと一緒に考えて、地域の元気を取り戻そうとするものだ。

　今回の環境デザイン部門の取組みでは、温泉街のコミュニティデザインを提案するために、全国各地の高専から集まった学生が一緒になってチームを組んだ。この方式は、学生たちにとって競争と交流の2つの側面をもつ場を体験することにもなった。完成した作品には、提案としては稚拙な部分もあったが、参加したことを通じて学生たちには多くの学びがあったことと思う。

　チームのなかでアイデアを取捨選択するためにはメンバー同士が仲よくなる必要がある。今回は短期間だったため、現場を一緒に歩き、仲よくなっていく、というプロセスが即興になってしまった。その分、個々の学生が考えたアイデアをすべて取り入れたような提案になりがちで、アイデアのどこを特化するのか、地域の人と自分たちのアイデアをどう結びつけるのかについて、学生たちは大いに悩んだと思う。しかし、こうした過程のなかで議論したり、緊張して提案の核を発表できなかったり、悔しかったりしたことのすべてが、若い学生にとっては大きな学びになる。

　そのなかで最優秀賞作品になった釧路高専＋米子高専＋サレジオ高専『日本一友だちの多い街皆生！へ』(Aチーム)は、ワークショップ中も発表も終始明るい雰囲気で進めることができた点をまず評価したい。また、作品の内容では観光客や地域の人を巻き込む長期的なスパンを考えた提案になっていたところを評価した。

(2013年11月10日　公開審査会、合同ディスカッションでの発言より)

環境

82 | デザコン 2013 in YONAGO

>> 審査委員　JURY

審査委員長
山崎 亮
（やまざき　りょう）

studio-L 代表、京都造形芸術大学教授

1973 年　愛知県生まれ
1997 年　大阪府立大学農学部（緑地計画工学専攻）卒業
1999 年　大阪府立大学大学院農学生命科学研究科地域生態工学専攻
　　　　　修士課程修了
1995 年 -　メルボルン工科大学環境デザイン学部ランドスケープ
　　　　　アーキテクチュア学科　在籍
1999-2005 年　SEN 環境計画室　在籍
2005 年　studio-L 設立
2011 年 -　京都造形芸術大学芸術学部空間演出デザイン学科　教授
　　　　　（学科長）
2013 年 -　慶應義塾大学　特別招聘教授
2013 年　東京大学大学院工学研究科都市計画専攻博士課程修了、
　　　　　博士（工学）取得

■主な活動
地域の課題を地域に住む人たちが解決するためのコミュニティデザインに多数携わる

■主な著書
『コミュニティデザイン』（2011 年、学芸出版社）、『ソーシャルデザイン・アトラス』（2012 年、鹿島出版会）、『コミュニティデザインの時代』（2012 年、中公新書）、『まちの幸福論』（2012 年、NHK 出版）など

環境

>> 協力者　COOPERATOR

本選ワークショップ指導協力
西上 ありさ／花房 育美　studio-L
（本選ワークショップ／公開審査会）
丸山 傑　studio-L
（予選／本選ワークショップ）

公開審査会コメンテーター
宇田川 英二　皆生温泉旅館組合　組合長

本選ワークショップ運営協力
皆生温泉旅館組合

本選ワークショップ各チームのファシリテータ
小池 僚子／下根 奈央人／前畑 佑二／松本 幸太郎／石指 友基／
廣谷 慶太　米子高専専攻科建築学専攻

学んだこと、できなかった後悔
——参加学生アンケート結果より

公開審査会終了後、参加学生へのアンケートを行なった。回答は、「参加して良かった」（18人）「少し良かった」（6人）「少しつまらなかった」（1人）という結果。

本選に出場し、他校の学生と一緒に作業したワークショップ、山崎審査委員長からのアドバイス、最終のプレゼンテーションに向けた切磋琢磨を通じて、ほぼ全員が良い経験になったと感じていた。「2泊3日間、ほとんど寝ずに作業して大変疲れた」という意見もあるなかで、複数の学生から「考えをよりまとめるためにはもっと日数がほしかった」という回答もあった。

アンケートの自由回答欄などから、学生たちが感じたことを列記すると「悪いところを良くするのではなく、良いところを伸ばしていく方法を知ることができた」「まちづくりの考え方をいろいろと学べた。自分の提案したアイデアに対してみんなが精一杯考えてくれることがうれしかった」「自分と全く違う考え方を共有できた」「本当のプロに話を聞いてもらって自分の考えをまとめ、評価してもらったことは、とっても良い経験になった」「地域の交流などの大切さを知って、考えて実際に行なうことの重要性に改めて気づかされた」と、出身地域や学科が異なるチームでのワークショップを通して、多くのことを学んだというコメントがあった。

その一方で「もう少し必死になればよかったと思う」「単純な発想が多かった。もっとひねりを加えた発想が必要だと思った」「新しい自分の課題が生まれた。今後いっそう努力したいと思う」「もっと相手の意見を尊重した上で、自分の提案を考えていければよかった」「考えることは人それぞれ違っていて、まとめることの難しさを学んだ」といった、後悔や今後の目標を定めたコメントも多かった。これらの気づきも、学生たちの将来にとって大きな経験になったと考えている。

（細田 智久・米子高専）

環境

環境

>>受賞作品>>本選作品A　TEAM A

日本一友だちの多い街 皆生！へ

釧路／米子／サレジオ高専

福崎 圭都・若原 衣里◯（釧路：建築学科4年）／永井 萌・濱本 眞子◎（米子：建築学科5年）／高橋 怜亜（サレジオ：デザイン学科3年）

千葉 忠弘／熊谷 昌彦・金澤 雄記／谷上 欣也（担当教員）

米子2013　最優秀賞　文部科学大臣賞

環境

* 本選メンバー参加者氏名右上の◎印はチームリーダー、◯印はサブリーダーを示す（以下、91ページまで同）
凡例＝氏名・氏名（高専名：学科学年）　>>本選作品　本選チーム名

スポレクを通した三者交流

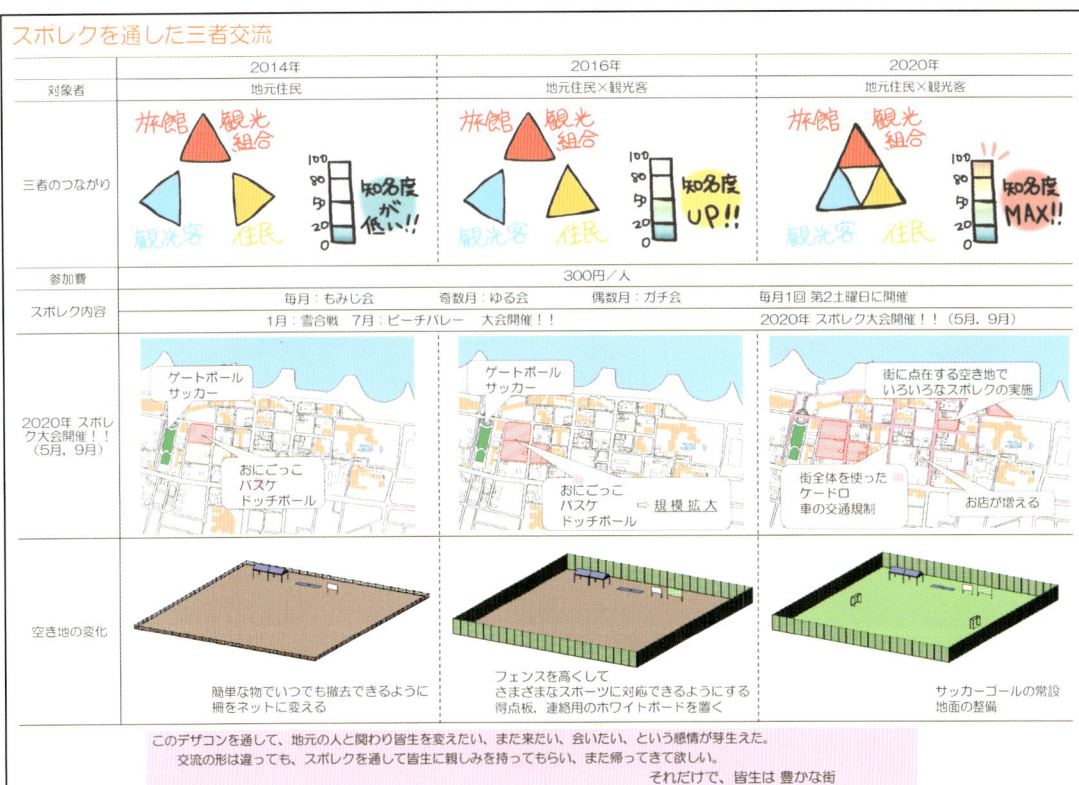

	2014年	2016年	2020年
対象者	地元住民	地元住民×観光客	地元住民×観光客
三者のつながり	旅館・観光組合／観光客／住民　知名度が低い!!	旅館・観光組合／観光客／住民　知名度UP!!	旅館・観光組合／観光客／住民　知名度MAX!!
参加費		300円／人	
スポレク内容	毎月：もみじ会 1月：雪合戦　7月：ビーチバレー	奇数月：ゆる会　偶数月：ガチ会 大会開催!!	毎月1回 第2土曜日に開催 2020年 スポレク大会開催!!（5月、9月）
2020年 スポレク大会開催!!（5月、9月）	ゲートボール／サッカー／おにごっこ／バスケ／ドッチボール	ゲートボール／サッカー／おにごっこ／バスケ／ドッチボール　←規模拡大	街に点在する空き地でいろいろなスポレクの実施／街全体を使ったケードロ／車の交通規制／お店が増える
空き地の変化	簡単な物でいつでも撤去できるように柵をネットに変える	フェンスを高くしてさまざまなスポーツに対応できるようにする　得点板、連絡用のホワイトボードを置く	サッカーゴールの常設　地面の整備

このデザコンを通して、地元の人と関わり皆生を変えたい、また来たい、会いたい、という感情が芽生えた。
交流の形は違っても、スポレクを通して皆生に親しみを持ってもらい、また帰ってきて欲しい。
　　　　　　　　　　　　　　それだけで、皆生は 豊かな街

環境

\>\>受賞作品\>\>本選作品F　TEAM F

ボードウォーク

阿南／米子／大阪府立大学高専

秦 健二○（阿南：建設システム工学科4年）／
石賀 恵太◎（米子：建築学科5年）／是川 倫範・高橋 憧
（大阪府立大学：総合工学システム学科環境都市システムコース4年）

加藤 研二・藤原 ひとみ／熊谷 昌彦・金澤 雄記／大谷 壮介・鯵坂 誠之
（担当教員）

米子 優秀賞 2013

環境

>>受賞作品>>本選作品B　TEAM B

松葉ガニが結ぶ地域のつながり

仙台（名取）／明石／有明高専

苫米地 花菜◯（仙台名取：建築学科5年）／東 くるみ・
神田 晴（明石：都市システム工学科3年）／松尾 橘花◎
（有明：建築学専攻1年）

小地沢 将之／渡部 守義／鳶 敏和（担当教員）

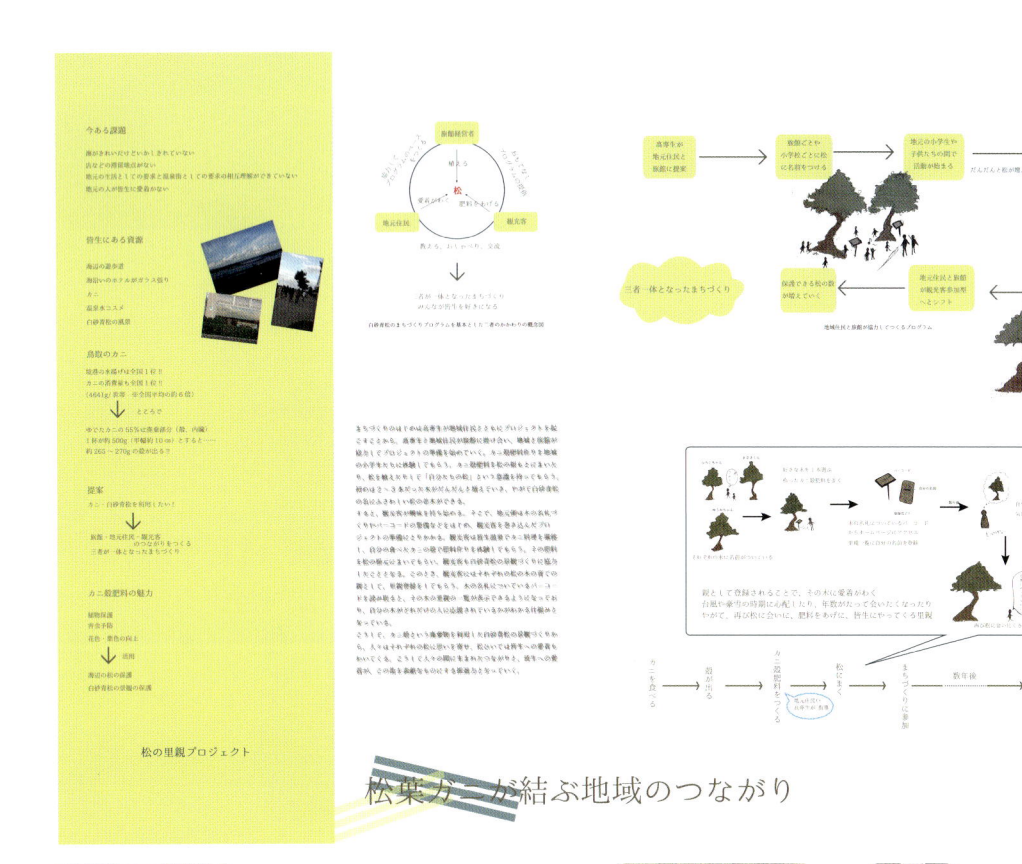

米子優秀賞2013

環境

89

＞＞受賞作品＞＞本選作品D　TEAM D

Try!! Athlon!! 3つの競技で地域こうけん

阿南／石川高専

山本 将平◎・木村 政基（阿南：建設システム工学科4年）／
大森 勇矢○・高 幹矢（石川：建築学科4年）

加藤 研二・藤原 ひとみ／石渡 博（担当教員）

＞＞受賞作品＞＞本選作品C　TEAM C

環境

高齢促進街

釧路／阿南高専

千葉 大輝・小泉 開◎（釧路：建築学科4年）／
上邨 知輝○・南 優斗（阿南：建設システム工学科4年）

千葉 忠弘／加藤 研二・藤原 ひとみ（担当教員）

＞＞受賞作品＞＞本選作品E　TEAM E

皆生とトモに

阿南／サレジオ／明石高専

宮﨑 優治／宮本 雅俊◎（阿南：建設システム工学科4年）／
田原 岳郎（サレジオ：デザイン学科2年）／
山田 拓人○（明石：建築学科4年）

加藤 研二・藤原 ひとみ／谷上 欣也／八木 雅夫（担当教員）

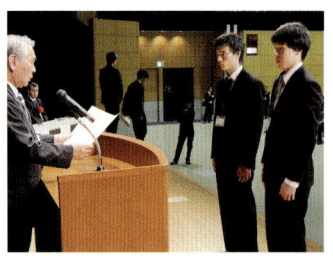

90 ｜ デザコン 2013 in YONAGO

TRY!ATHLON

大森 勇矢（石川）
高 耶矢（石川）
木村 遊基（群馬）
山本 哲平（阿南）

spring / summer / autumn / winter

トライアスロンポイント
お客さんに口コミなどで皆生温泉に遊びに来てもらう。
来る → 挑戦 → 獲得
その期間に行われるTRY!ATHLONに参加してもらう。

旅館対抗戦
旅館ごとにエンブレムを作成、お客さんを含めた全員で戦ってもらう。優勝した旅館の宿泊客には、地元の特産品をその旅館でごちそうしてもらえる。

トライアスロンコース
G3の競技が行われる場所
G2の競技が行われる場所

年間予定表
T1 / T2 / T3
12月 / 3月 / 6月 / 9月 / 12月

全国大会 / スプリングトライアスロン / サマートライアスロン / オータムトライアスロン / ウィンタートライアスロン / ゴミ拾いトライアスロン / 福祉トライアスロン

高齢促進街

釧路高専 小束樹・千葉大輝
阿南高専 上郁知輝・南優斗

イメージ図

概要
フィールドワーク・ヒアリングなどの結果、見つかった様々な問題点の中から「空き地の多さ」「活気のなさ」に注目して考えました。私たちのテーマは高齢者を中心とした高齢者による活気のある街づくりを考えました。幸い皆生の土地は地震や津波の心配もあまり要らず、坂道も少ない平坦な土地であるので高齢者のまちづくりには非常に適した場所であるといえます。

メインストリート
曜日や昼夜によりオーナーを変え取り扱う品や料理の種類を変えるシェアショップ制を取り入れることで少ない建物で多種多様なお店を展開することができます。上記のシェアショップなどを活用しR60の町に沿った経験に裏打ちされた家庭料理と一味違った喫茶店、老人ホームの方々が作った民芸品や手工芸品を取り扱う土産屋さんなど色とりどりのお店や屋台を堪能できます。

老人ホーム
空き地、旅館の空き部屋を活用して老人ホームにします。旅館ならではの質の高いおもてなしを入居者の方々に提供できます。そうすることでその老人ホームの入居者の家族、友人などが訪れることにより人の出入りが多くなります。また定期的な宿泊客の確保にもつながり「活気」がでてきます。

年齢層	～60歳	60～70歳	70～75歳	75～80歳	80～歳
仕事	退職後の第二の人生を歩む場所の模索としてまず	カフェ・土産物屋・郷土料理屋・介護ヘルパーなど	自警団・観光案内・清掃活動 など	詩・踊り・民芸品・民芸品作り など	老後いや第三の人生を満喫
特徴	は観光でも	まだまだ働き盛りなので積極的に店舗経営に参加！	ちょっと体も弱ってきたかな？でもまだまだ現役！	後世を支えるご意見番として活躍！	

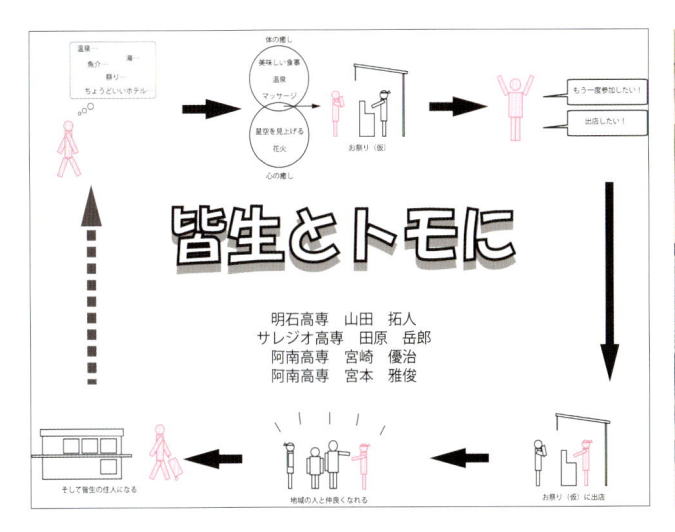

環境

皆生とトモに

明石高専 山田 拓人
サレジオ高専 田原 岳郎
阿南高専 宮崎 優治
阿南高専 宮本 雅俊

予選

予選審査評

皆生温泉は、どのテーマでいけるのか

山崎 亮
審査委員長

提案内容の「独自性」という観点からみると、事前に「こういう内容の提案が出てくるのではないか」とある程度想定していた内容の提案も多かった。たとえば、「浴衣」「ゲゲゲの鬼太郎」「スタンプラリー」「ゆるキャラ」「足湯」の5つである。そして、「実現の可能性」という観点から、他の地区ですでに実施されていて、その地区で成功しているかどうかという検証ができていない提案には、高い評価を付けなかった。

高く評価したのは、今まで皆生(かいけ)温泉に来ていない団体やコミュニティが来るような仕組みを提案しているもの。たとえば、健康、ファミリー、高齢者、トライアスロンなどのスポーツをテーマとした提案である。

提案方式の理想としては、応募したコンセプトポスターに、観光地が現在抱える課題を明確に書いておいてほしかった。

かつて団体旅行客を大きなホテルで囲い込む時代があり、旅行者と温泉街との関係性が薄れてしまった。その後、1980〜90年代には、個人旅行とインターネット予約が主流となり、状況は変わってきた。しかし、個別の家族の多様要望に応えるプログラムを用意すると客単価の経費が高くなり、旅館側としては利益を上げるのが難しくなる。個人でもなく、団体にも戻れない。この2つ以外の観光客をどう発見してどう呼び込むか。

新しい観光客を誘引するためのキーワードとして、「健康」「高齢者」「スポーツ」を挙げている提案がいくつかあった。たとえば、「高齢者にコスプレをして歩いてもらう」。一見難しいと思うかもしれないが、1万人に1人でもこれをしたいと思う人がいるとすれば、大阪府800万人で考えれば800人以上いることになる。その内の30〜40人が皆生温泉に来て、リピーターになってくれたらよいのではないか。

観光業の対象は団体から個人へと変わったが、個人旅行への対応には大きな経費がかかるため難しく、テーマである程度対象を絞って、対象となる集団(コミュニティ)に対応したプログラムを提供する方法が求められている。

今回の応募作品のなかには、まだ明確に整理はできていないものの、このことを直感的にとらえて提案している作品もあった。この観光業の流れや皆生温泉のもつ課題をきちんと整理できていれば、プログラムや景観のあり方の提案にもスムーズにつながるし、「何かができる場所」を提案する際の説明もしやすくなったのではないか。

本選に向けて、参加者には、皆生温泉はどのテーマでいけるのか、を考えてきてほしい。地理や人口、大阪からの距離も考える必要がある。また、他の温泉地でもできることをやっていてはダメだということを忘れないでほしい。他でできることは他でやってもらって、皆生温泉でなくてはできないことをするべきである。

個人旅行は自由気ままなもの。これからの観光地は、テーマ型コミュニティに対応するプログラムを考えなければいけない。

環境

>> 予選審査概要　OUTLINE

予選審査概要

　予選審査は、あらかじめ募集要項に示していた評価項目をもとに、「実現の可能性」10点満点と「独自性」10点満点の合計20点満点として、山崎審査委員長が各応募作品を1作品ずつ審査。各作品の評価を評価シートに記載していった。審査は、作品の整理番号順ではなく、ランダムな順序で進められた。

　審査の結果、15作品25人が予選を通過、本選出場者として決定した。

　また、今回の環境デザイン部門の本選は、独自の行程で移動するため、参加者は他部門との重複参加ができない。このため、本選出場者のなかから辞退者が出る可能性を考慮し、1〜5位までの繰り上げ優先順位を付けて補欠5作品9人を選出した。結局、辞退者は出なかったため最初に選ばれた15作品25人が本選に出場することになった。

（細田 智久・米子高専）

日時＝2013年9月12日（木）9:30〜12:30
会場＝studio-L OSAKA（大阪市）
審査委員長＝山崎 亮
審査協力＝丸山 傑（studio-L）
事務担当＝細田 智久、金澤 雄記（米子高専　建築学科）

予選提出物＝コンセプトポスター：
皆生温泉が抱える3つの課題への解決策やアイデアの提案
①観光客が散策したくなるルートづくりや温泉情緒のある景観づくり
②白砂青松の地での温泉旅館と歓楽エリアのあり方と相互の関係
③温泉旅館同士および旅館、観光客、住民との連携方法

課題テーマ「もっと豊かな湯のまち」の「豊かな・豊かさ」の中身について、「事業者（旅館運営者など）からみた豊かさ」と「観光客からみた豊かさ」の両方の視点から整理。この両者の「豊かさ」がどのようにつながると、皆生温泉の活性化につながるかを言葉や概念図で表現。
（A2判サイズ1枚、3mm厚スチレンボード貼付け、横）
予選通過数＝15作品（25人、9高専）＋補欠5作品（9人、4高専）

環境

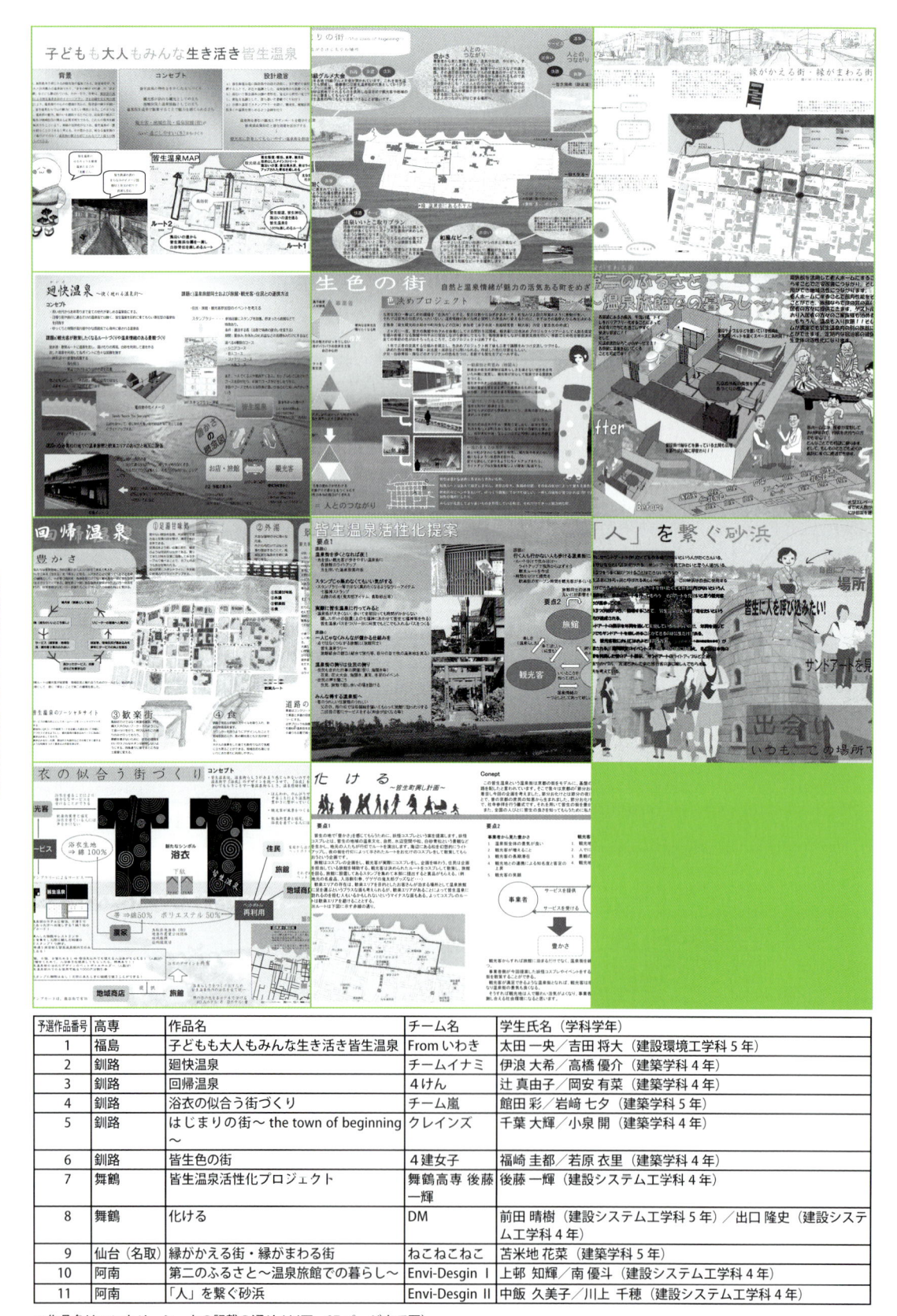

>> 予選作品一覧　PRELIMINARY LIST

環境

予選作品番号	高専	作品名	チーム名	学生氏名（学科学年）
1	福島	子どもも大人もみんな生き活き皆生温泉	From いわき	太田 一央／吉田 将大（建設環境工学科 5 年）
2	釧路	廻快温泉	チームイナミ	伊浪 大希／高橋 優介（建築学科 4 年）
3	釧路	回帰温泉	4けん	辻 真由子／岡安 有菜（建築学科 4 年）
4	釧路	浴衣の似合う街づくり	チーム嵐	館田 彩／岩﨑 七夕（建築学科 5 年）
5	釧路	はじまりの街～ the town of beginning ～	クレインズ	千葉 大輝／小泉 開（建築学科 4 年）
6	釧路	皆生色の街	4建女子	福崎 圭都／若原 衣里（建築学科 4 年）
7	舞鶴	皆生温泉活性化プロジェクト	舞鶴高専 後藤 一輝	後藤 一輝（建設システム工学科 4 年）
8	舞鶴	化ける	DM	前田 晴樹（建設システム工学科 5 年）／出口 隆史（建設システム工学科 4 年）
9	仙台（名取）	縁がかえる街・縁がまわる街	ねこねこねこ	苫米地 花菜（建築学科 5 年）
10	阿南	第二のふるさと～温泉旅館での暮らし～	Envi-Desgin I	上邨 知輝／南 優介（建設システム工学科 4 年）
11	阿南	「人」を繋ぐ砂浜	Envi-Desgin II	中飯 久美子／川上 千穂（建設システム工学科 4 年）

＊作品名はエントリーシートの記載の通り (以下、97 ページまで同)

>> 予選作品一覧　PRELIMINARY LIST

環境

予選作品番号	高専	作品名	チーム名	学生氏名（学科学年）
12	阿南	皆生でアスリートの生活を体験してみませんか？	Envi-Desgin III	山本 将平／木村 政基（建設システム工学科 4 年）
13	阿南	浴衣で通う Café 通	Envi-Desgin IV	滝口 真弓／南 遥奈（建設システム工学科 4 年）
14	阿南	舞台は皆生　新しい出会いをプロデュース	Envi-Desgin V	宮崎 優治／宮本 雅俊（建設システム工学科 4 年）
15	阿南	WELCOME TO	Envi-Desgin VI	角谷 龍成／平山 風太（建設システム工学科 4 年）
16	阿南	泉質改善〜皆生温泉の巻〜	Envi-Desgin VII	米川 直希／工藤 裕貴（建設システム工学科 4 年）
17	阿南	ボードウォーク	Envi-Desgin VIII	秦 健二（建設システム工学科 4 年）
18	阿南	Live in 米子　砂浜コンサート	Envi-Desgin IX	西岡 昌哉（建設システム工学科 4 年）
19	サレジオ	皆生くらぶ	クマノミ	永野 日彩（デザイン学科 2 年）／鈴木 利奈（デザイン学科 3 年）
20	サレジオ	家族で楽しむ皆生温泉 Let's トライアスロン	海月	高橋 怜亜（デザイン学科 3 年）／田原 岳郎（デザイン学科 2 年）
21	サレジオ	海とつながる足湯	鯨	山﨑 美優斗（デザイン学科 4 年）／若海 芽依（デザイン学科 2 年）
22	明石	原点皆帰　生まれ変わる街		松井 一泰（建築学科 4 年）

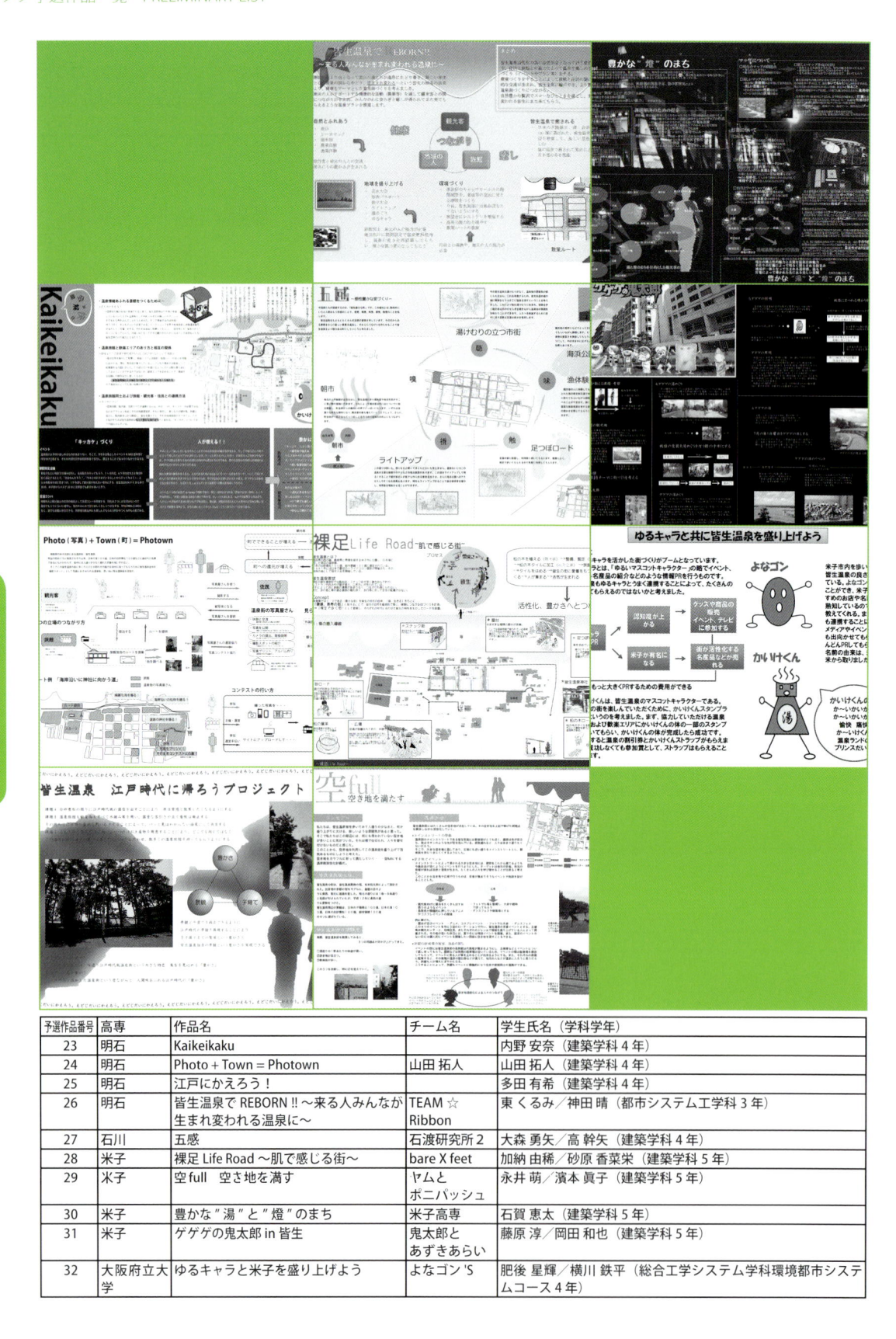

>> 予選作品一覧　PRELIMINARY LIST

環境

予選作品番号	高専	作品名	チーム名	学生氏名（学科学年）
23	明石	Kaikeikaku		内野 安奈（建築学科 4 年）
24	明石	Photo + Town = Photown	山田 拓人	山田 拓人（建築学科 4 年）
25	明石	江戸にかえろう！		多田 有希（建築学科 4 年）
26	明石	皆生温泉で REBORN !! ～来る人みんなが生まれ変われる温泉に～	TEAM☆Ribbon	東 くるみ／神田 晴（都市システム工学科 3 年）
27	石川	五感	石渡研究所 2	大森 勇矢／高 幹矢（建築学科 4 年）
28	米子	裸足 Life Road ～肌で感じる街～	bare X feet	加納 由稀／砂原 香菜栄（建築学科 5 年）
29	米子	空 full 空き地を満す	ヤムとポニパッシュ	永井 萌／濱本 眞子（建築学科 5 年）
30	米子	豊かな"湯"と"燈"のまち	米子高専	石賀 恵太（建築学科 5 年）
31	米子	ゲゲゲの鬼太郎 in 皆生	鬼太郎とあずきあらい	藤原 淳／岡田 和也（建築学科 5 年）
32	大阪府立大学	ゆるキャラと米子を盛り上げよう	よなゴン'S	肥後 星輝／横川 鉄平（総合工学システム学科環境都市システムコース 4 年）

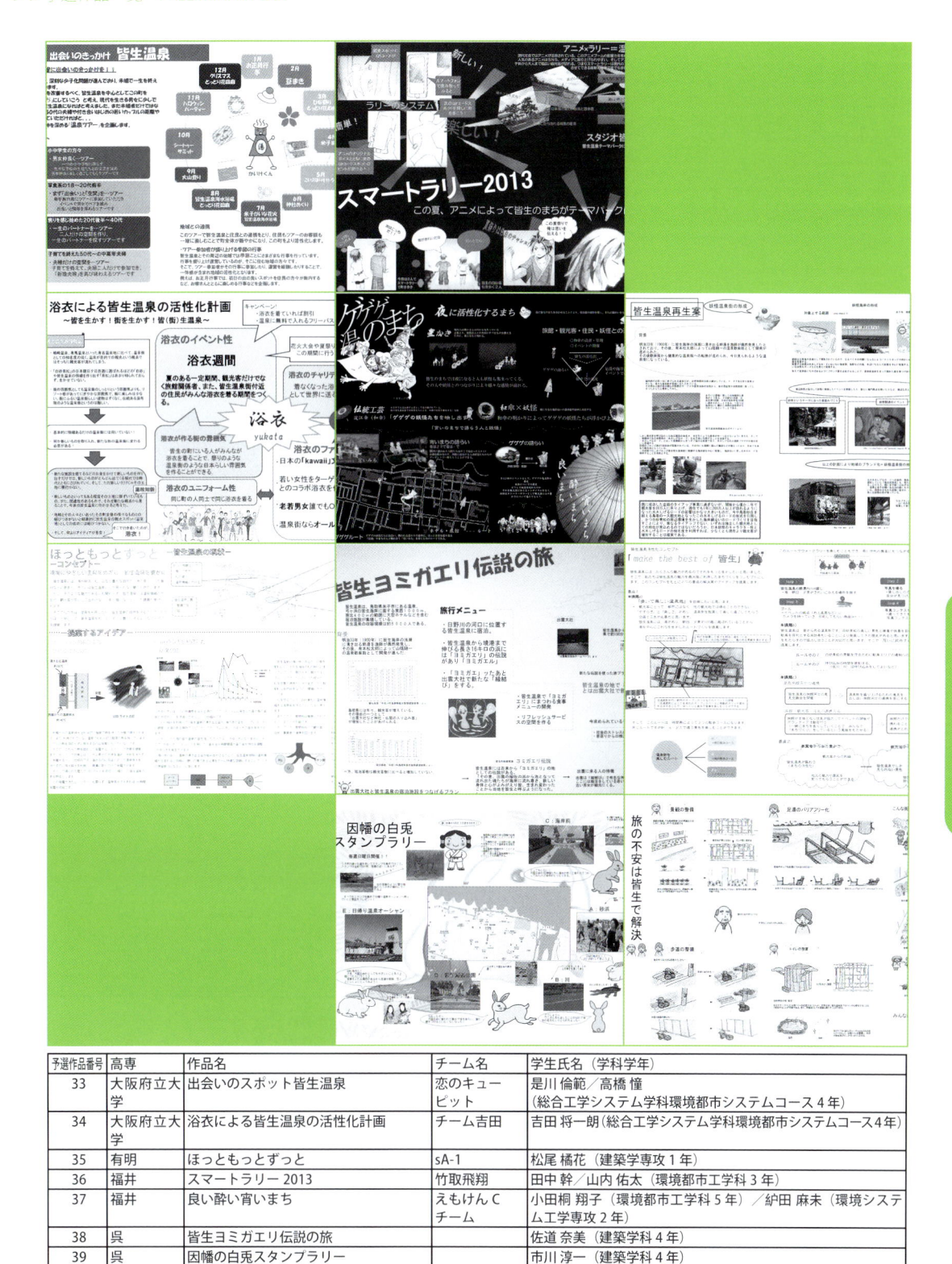

>> 予選作品一覧　PRELIMINARY LIST

環境

予選作品番号	高専	作品名	チーム名	学生氏名（学科学年）
33	大阪府立大学	出会いのスポット皆生温泉	恋のキューピット	是川 倫範／髙橋 憧（総合工学システム学科環境都市システムコース4年）
34	大阪府立大学	浴衣による皆生温泉の活性化計画	チーム吉田	吉田 将一朗（総合工学システム学科環境都市システムコース4年）
35	有明	ほっともっとずっと	sA-1	松尾 橘花（建築学専攻1年）
36	福井	スマートラリー 2013	竹取飛翔	田中 幹／山内 佑太（環境都市工学科3年）
37	福井	良い酔い宵いまち	えもけんCチーム	小田桐 翔子（環境都市工学科5年）／舻田 麻未（環境システム工学専攻2年）
38	呉	皆生ヨミガエリ伝説の旅		佐道 奈美（建築学科4年）
39	呉	因幡の白兎スタンプラリー		市川 淳一（建築学科4年）
40	呉	皆生温泉再生案～妖怪温泉街の形成～		久保 宏介（建築学科4年）
41	都城	make the best of 皆生	チームM	平川 美里／奥村 美紀（建築学科4年）
42	秋田	旅の不安は皆生で解決	平川と中村	平川 奈津子／中村 捺美（環境都市工学科4年）

97

創造

デザイン部門

>>タイムライン TIME LINE

予選応募 2013/09/02-09 → 51 → 予選 2013/09/13 → 6 → 本選出場

本選
2013/11/09
1 ワークショップ

2013/11/10
2 プレゼンテーション

3 公開審査会

最優秀賞（全国高等専門学校連合会会長賞）
　明石高専／まちカードばとる！！
優秀賞　釧路高専／Made in earth!
　米子高専／僕の私の秘密基地をつくっちゃおう！
審査委員特別賞　呉高専／アーチボックス
　サレジオ高専／かさでアート
　舞鶴高専／目で見えるようで見えない木

>>課題テーマ THEME

エンジニアリング・デザインを学ぶための子どもワークショップを考える

　デザコン2013 in 米子では、これまで数年続いてきた「ものづくり部門」を「創造デザイン部門」と改称しました。現在では単なるものづくりにとどまらず、その使用や活用を含めたデザインが求められています。ものづくりを超えて、モノもコトも含めて、デザイン本来の価値を創造する部門としました。

　創造デザイン部門としての最初の課題は、高専生の専門性を生かした「エンジニアリング・デザインを学ぶための子どもワークショップを考える」としました。本選では所定の設計条件で子供を対象に、実際にワークショップを実施した上で、最終プレゼンテーションを行ない、審査します。

＊本書の文中や表中で記載している「高専」は、工業高等専門学校および高等専門学校の略称
＊作品名はエントリーシートの記載の通り

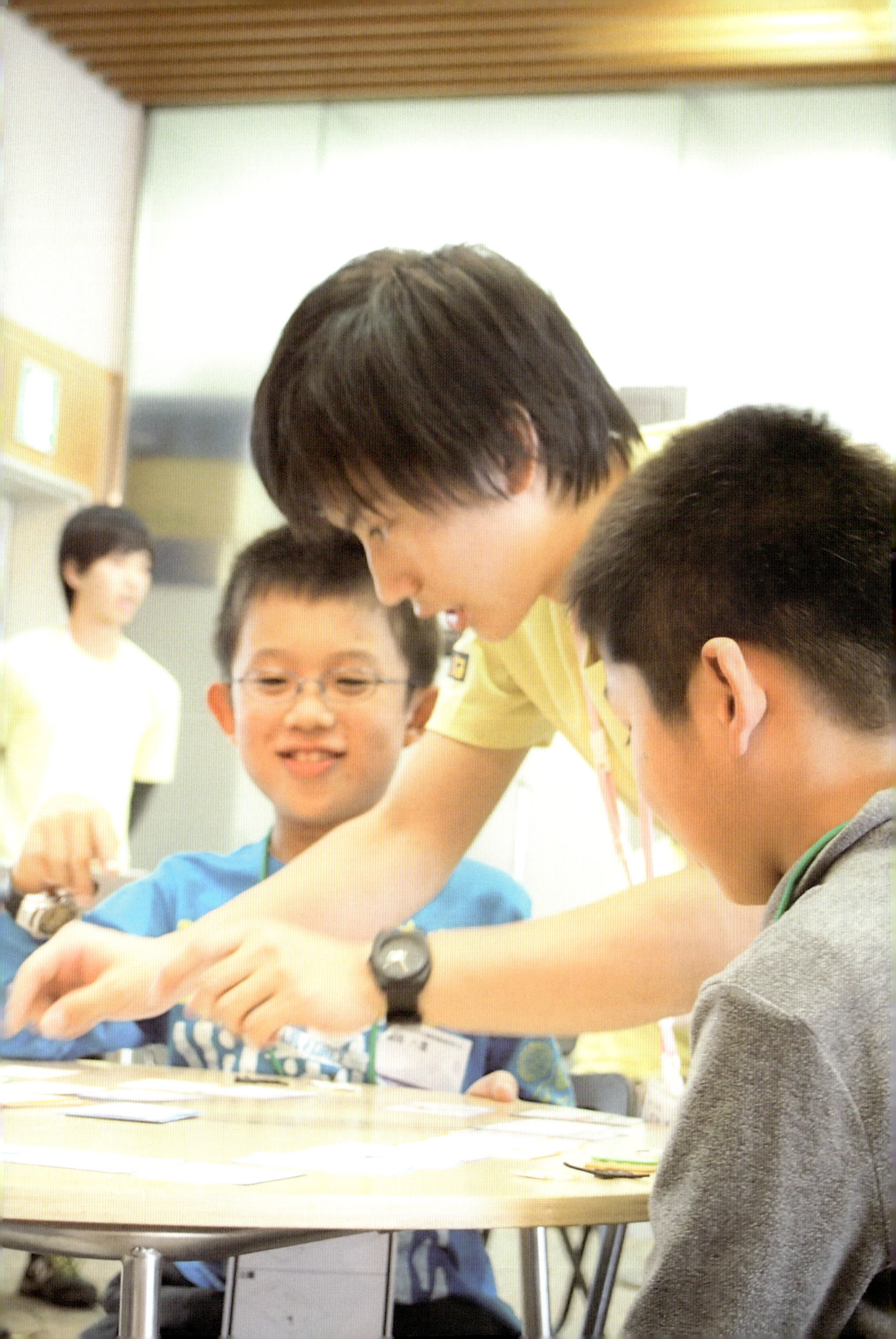

本選

課題テーマ＝「エンジニアリング・デザインを学ぶための子どもワークショップを考える」
審査委員＝ムラタ チアキ［委員長］、持丸 正明、石戸 奈々子
応募条件＝2～5人までのチームによるもの
応募期間＝
質疑期間：2013年4月8日（月）～5月7日（火）
質疑回答：2013年5月下旬より順次ホームページにて公表
予選提出物の提出期間：2013年9月2日（月）～9日（月）

設計・企画制作条件＝
ワークショップ内容
①時間：1時間
②対象：小学校4年生～6年生　10人（1回）
③場所と設備：20～30人収容の会議室（設備や道具は要相談）
④課題テーマ：エンジニアリング・デザインのどの分野（建築デザイン、機械デザインなど）から何をテーマにするかを決め、ワークショップの方法を企画デザインすること
⑤実施体制：応募者自身がファシリテータ、講師、サポーターを務める

審査ポイント＝
①テーマの重要性、②手法の妥当性、③デザイン性、
④プレゼンテーション、訴求力
応募数＝51作品（189人、20高専）

子供へのアンケート結果も重視

ワークショップとプレゼンテーションを評価

本選には、予選を通過した6作品が出場。出場者6チームは、自作の企画に沿って、募集に応じて集まった小学生の子供たちを相手にワークショップを実施した。審査委員は、時には場に入って質疑応答をしながら、その様子を近くでじっくりと審査した。また、ワークショップ後、参加した子供たちにアンケート調査をして、それぞれのワークショップを評価してもらった。

翌10日には、実施したワークショップの内容を踏まえて、各出場者のプレゼンテーションがあった。

子供点と審査委員点による審査

ワークショップの様子やプレゼンテーションなど、すべての内容を踏まえて、審査委員は、「企画力」と「ファシリテーション力[*1]」の2項目について各5点、計10点満点で採点した。

また、ワークショップ後の子供へのアンケートで「おもしろかったか」と「説明はわかりやすかったか」の2項目について、それぞれ4段階（4～1点）で評価してもらった。さらに、複数のワークショップに参加した子供にはそれぞれ順位をつけてもらい（1位が2点、2位が1点）、それも含めて10点満点になるように調整。この結果を子供審査点として合算して集計した（表1参照）。

このように、今回は、審査委員と子供の評価を合わせた評価点数をもとに審査委員の協議によって、最終的な順位が決定した（表2参照）。　　　　（高増 佳子・米子高専）

*1　ファシリテーション力：ワークショップにおける司会進行能力

子供アンケート	ムラタ委員長	持丸委員	石戸委員	合計
10点	10点	10点	10点	40点

子供：「おもしろかった」4点＋「説明はわかりやすかった」4点＋
複数参加者による各ワークショップの順位（1位が2点、2位が1点）
2点＝10点満点
各審査委員：企画力5点＋ファシリテーション力5点＝10点満点

表1　審査の評価点

本選作品番号	高専名	作品名	子供	審査委員	合計点	最終順位
4	明石	まちカードばとる！！	1位	1位	36	1位
6	釧路	Made in earth!	3位	2位	33	2位
5	米子	僕の私の秘密基地をつくっちゃおう！	2位	4位	30	3位
2	呉	アーチボックス	5位	3位	30	4位
3	サレジオ	かさでアート	4位	5位	26	5位
1	舞鶴	目で見えるようで見えない木	6位	6位	23	6位

1位：最優秀賞　2位・3位：優秀賞　4～6位：審査委員特別賞
表2　審査結果

創造

審査委員長講評
新しい試みとしての「子どもワークショップ」

ムラタ チアキ
審査委員長

　デザコン2013では、非常に新しい試みとして、実際に子供たちに参加してもらうワークショップを実現することができました。

　デザコンに創造デザイン部門をつくり、「初等教育のなかに、新しく『デザイン』の課目を入れると一体どういうことになるのか」ということを実験する。これは、私たち、ソーシャルデザインの分野で活動する者の悲願でもありました。

　課題は、提案者や審査委員が満足する結果を出すだけではなく、参加した子供たち自身も楽しめるワークショップ、ということで、なかなか難しいものでしたが、参加学生のみなさんは十分に応えてくれたと思います。子供にはとても評判がよく、アンケートでも「もっとやりたい」「帰りたくない」といった感想をたくさんもらいました。そうした子供たちの要望を調整して、何とか1時間以内に収めるという面でも、難しい課題でした。

　今回は、かなり多くの作品の応募がありました。予選審査でスクリーニング（選別）する過程で、きちんと問題解決ができている提案か、創造性を養うことができる仕組みになっているか、本当に子供が楽しめる内容なのかなど、いろいろなファクター（事象）をもとにスクリーニングを進めた結果、みなさんの6作品が本選に残ったということです。

　各作品間の差は非常にわずかです。しかしながら、大会としては、6段階の評価を付けざるを得ないということで、私たちは非常に悩みながら、結果を出しました。今回、本選での順位が低いということで恥じることはありません。全6作品が、いずれもこのコンペの頂点に立ったと思ってください。

>>子どもワークショップ　WORKSHOP

まちカードばとる！！──明石高専

創造

Made in earth!──釧路高専

102 | デザコン 2013 in YONAGO

>> 子どもワークショップ　WORKSHOP

僕の私の秘密基地をつくっちゃおう！──米子高専

アーチボックス──呉高専

創造

103

>>子どもワークショップ　WORKSHOP

かさでアート──サレジオ高専

創造

目で見えるようで見えない木──舞鶴高専

104 | デザコン 2013 in YONAGO

>> 審査委員　JURY

審査委員長
ムラタ チアキ

プロダクトデザイナー、京都造形芸術大学大学院 SDI 所長、同大学芸術学部プロダクトデザイン学科教授、ハーズ実験デザイン研究所代表、METAPHYS 代表

1959 年	鳥取県生まれ
1982 年	大阪市立大学工学部応用物理学科卒業
1986 年	ハーズ実験デザイン研究所設立
2005 年	METAPHYS を発表
2007-10 年	エコプロダクツデザインコンペ　実行委員長
2009 年	感性価値創造ミュージアム 2009 実行委員長
2009 年 -	越前ジャパンコンソーシアムブランド　総合プロデューサー＆デザイナー
2011 年	京都造形芸術大学大学院に社会問題をデザインで解決する SDI を開設
2012 年 -	東京都美術館　新伝統工芸プロジェクト　アートディレクター

■主な活動
プロダクトを中心にユーザー行動分析法「行為のデザイン」による商品開発、「感性価値ヘキサゴングラフ」など、デザインの論理化に努める。企業のコアコンピタンスを活かし、ブランド、販路を共有するデザインブランド METAPHYS を発表。初等教育のカリキュラムに「でざいん」の創設を提唱

■主なプロダクトデザイン
デジタル自動血圧計　スポットアーム（2004 年、オムロン）、Xbox360（2005 年、Microsoft）など

■主な共著書
『ソーシャルデザインの教科書』（2014 年、生産性出版）など

■主な受賞
グッドデザイン賞金賞（3 方向衝撃加速度計、2001 年）、アジアデザインアワードブロンズ賞（2008 年、2009 年）、ドイツアンビエンテ・デザインプラス（JAPANBRAND 越前打刃物ナイフボード、2010 年）など

審査委員
持丸 正明
（もちまる　まさあき）

産業技術総合研究所デジタルヒューマン工学研究センター研究センター長

1964 年	神奈川県生まれ
1988 年	慶應義塾大学理工学部機械工学科卒業
1993 年	同学大学院理工学研究科博士課程生体医工学専攻修了　博士（工学）取得
1993-2000 年	工業技術院生命工学工業技術研究所　在籍
2001 年 -	産業技術総合研究所デジタルヒューマン工学研究センター在籍
2010 年 -	同　研究センター長

■主な活動
専門は人間工学、バイオメカニクス。IEEE ComputerSociety、SAE、日本人間工学会会員。バイオメカニズム学会、サービス学会の理事

■主な著書
『人体を測る——寸法・形状・運動』（共著、2006 年、東京電機大学出版局）、『子ども計測ハンドブック』（共著、2013 年、朝倉書店）、『サービス工学』（共著、2014 年、カナリア書房）など

■主な受賞
市村学術賞（2002 年、新技術開発財団）、Most Outstanding Paper Award（2005 年、SAE Digital Human Modeling Symposium）、ファナック FA ロボット財団 論文賞（2010 年）、工業標準化事業表彰 経済産業大臣表彰（2011 年、経済産業省）など

審査委員
石戸 奈々子
（いしど　ななこ）

ワークショップコレクション実行委員長、NPO「CANVAS」理事長

1979 年	東京都生まれ
2002 年	東京大学工学部システム創成学科卒業
2002-03 年	マサチューセッツ工科大学メディアラボ　客員研究員
2006 年	東京大学大学院工学研究科学際情報学専攻修了
2002 年	子供向け創造・表現活動を推進する NPO「CANVAS」を設立
2004 年 -	ワークショップコレクション実行委員長
2011 年	デジタルえほん設立、代表取締役社長
2012 年 -	NPO「CANVAS」　理事長

■主な活動
産官学連携による子供向けワークショップの開発とその全国普及に取り組む。子供向けワークショップの博覧会「ワークショップコレクション」は、2 日間で 10 万人を動員。デジタルえほん作家＆そらママとしても活動中

■主な著書
『デジタル教科書革命』（共著、2010 年、ソフトバンククリエイティブ）、『デジタルサイネージ戦略』（共著、2010 年、アスキー・メディアワークス）、『デジタルとオンラインで変わる明日の教育』(Kindle 版、2013 年、ブックウォーカー)、『子どもの創造力スイッチ！―遊びと学びのひみつ基地 CANVAS の実践』（2014 年、フィルムアート社）など

■主な受賞
日本機械学会畠山賞（2002 年）、キッズデザイン賞（ワークショップコレクション、2007 年）、グッドデザイン賞（tap*rap シリーズ、2012 年）、キッズデザイン賞（tap*rap シリーズ、2012 年）、グッドデザイン賞　ベストプラクティス 100（ワークショップコレクション、2013 年）、情報化促進貢献個人等表彰 総務大臣賞（CANVAS、2013 年）など

創造

>>受賞作品>>本選作品4　WORK 4

まちカードばとる!!

米子2013 最優秀賞 全国高専連合会会長賞

明石高専

梅宮 良輔○／在間 夢乃／青木 翔汰／後藤 裕也／
武政 遼平（建築学科5年）

水島 あかね（担当教員）

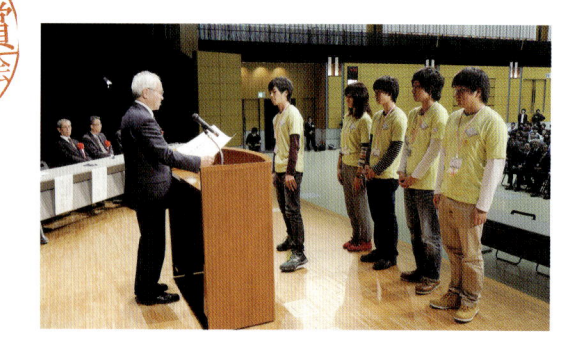

創造

＊本選メンバー参加者氏名右上の○印は、チームリーダーを示す（以下、111ページまで同）
＊作品名の（ ）内は、子供向けの「子どもワークショップ」用タイトル

凡例＝>>本選作品　本選作品

106｜デザコン 2013 in YONAGO

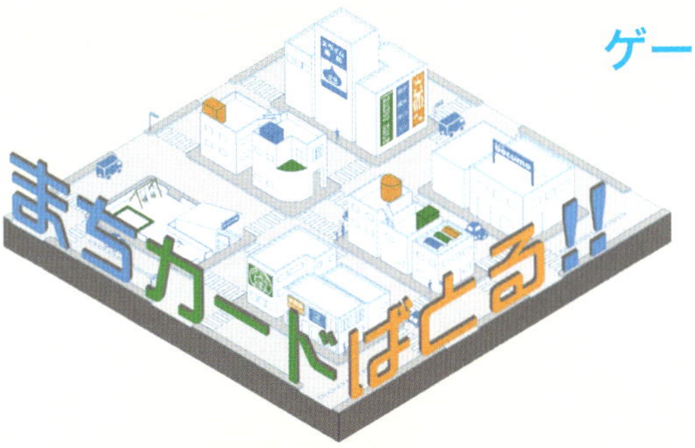

ゲーム感覚でまちに潜む問題点を考える！

問題発見 → デザイン → 解決

デザインには、社会が抱える問題を解決する力がある。
デザイナーには、その問題点を発見する能力が求められる。
そこで今回のワークショップでは、『まちカードばとる！！』を用いて発見する能力を身につける。これは、ゲーム感覚で問題点を発見することができ、参加した子供たちはゲームを通じて普段何気なくみているもののなかにも問題点があることに気づき考えることで、ユーザー視点でのデザインの施行を学ぶ。

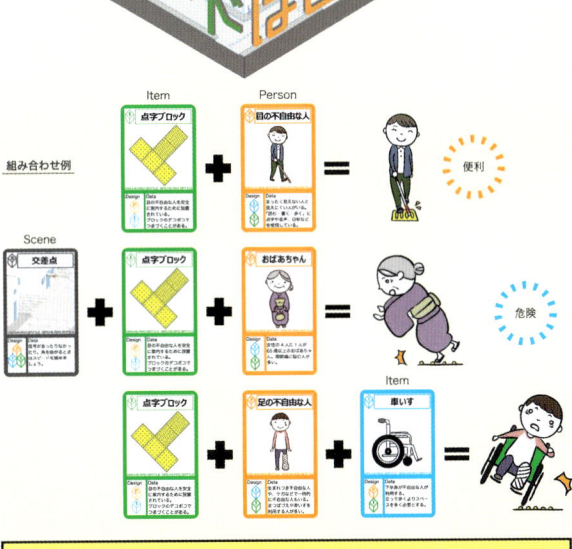

『まちカードばとる！！』とは？

『まちカードばとる！！』は普段何気なく過ごしている日常生活で不便に思ったり、危険を感じたりすることをカードを用いて発見するゲームです。
カードには、S(場所・場面)カードとP(人物)カード、そして人に取り付けるI(アイテム)カードとSカードに取り付けるI(アイテム)カードがあります。この4種類のカードを組み合わせて、対戦相手より早く問題点を見つけ出した方が勝利します。

用意するもの

- マイク
- ノートPC
- プロジェクター
- ストップウォッチ
- 模造紙
- ホワイトボード
- 審判記録用シート
- 名札
- 机と椅子
- 色ペン
- 白紙のカード
- まちカードばとる！！のカード
- まちカードばとる！！の説明書
- 問題発見時にもらえるのポイントシール

ワークショップの流れ

全体・司会進行役＝A
審判及びテーブル進行役＝B
補助役＝C

はじめのあいさつ (5分)
・スタッフ紹介 /A,B,C

グループ分け (5分)
・子供たちに名札を渡して名前を書いてもらう
・名札の色でグループ分けをする /A,B,C

おべんきょう (5分)
・プロジェクターを用いてワークショップ内容の説明 /A
・カードゲームの準備作業 /B,C

まちカードばとるの説明 (5分)
・動画やイラストを用いてルール説明 /A
・実演及び質問受け付け /B,C

まちカードばとる開始 (20分)
・タイムキーパー及びゲーム中にでた問題点をホワイトボードにて整理 /A
・審判役としてゲーム中にでた問題点を記録シートに記入しゲームが終わるたびにスタッフAに渡す /B
・全体の補助及び参加人数により対戦 /C

表彰 (5分)
・ゲーム中にでた問題点のまとめ作業 /A
・もっとも問題点を多く発見したペアを表彰 /B,C

まとめ (5分)
・ゲーム中にでた問題点の発表及び考察 /A
・子供たちにデザイナーの師認定証とカード贈呈 /B,C

遊び方

「よろしくおねがいします。」
シーンカードが提示されます。

自分のカードを組み合わせてシーンにあった問題点を見つけましょう。

「みつけた！」
組み合わせを見つけたらコールしましょう。

「こんなの！」

ポイントGET！

いろんな組み合わせを考えましょう。

組み合わせ例

Item + Person
点字ブロック + 目の不自由な人 = 便利

Scene + Item + Person
交差点 + 点字ブロック + おばあちゃん = 危険

点字ブロック + 足の不自由な人 + 車いす

さがして！
みつけて！
かんがえて！
まちかどカンサツ。

ワークショッププログラム
はじめのあいさつ
おべんきょう
まちカードばとる (5分×3セット)
ひょうしょう
おわりのあいさつ

2013年11月9日 (土)
●●:●●～●●:●●
対象＝小学4年生～6年生
場所＝BIG SHIP (米子コンベンションセンター)
〒683-0043 鳥取県米子市末広町294
☎0859-35-8111

『まちカードばとる！！』とは
デザイナーは何気ない日常生活の問題点をヒントに商品を開発しています。『まちカードばとる！！』はそんな問題点を楽しみながら発見できるカードゲームです。

創造

>>受賞作品>>本選作品6　WORK 6

Made in earth！
（アースバッグ秘密基地）

釧路高専

岡安 有菜○／青木 志帆／川瀬 竜也／小柳 建人／
辻 真由子（建築学科4年）／加藤 健一＝代理出場
（建築学科3年）

佐藤 哲（担当教員）

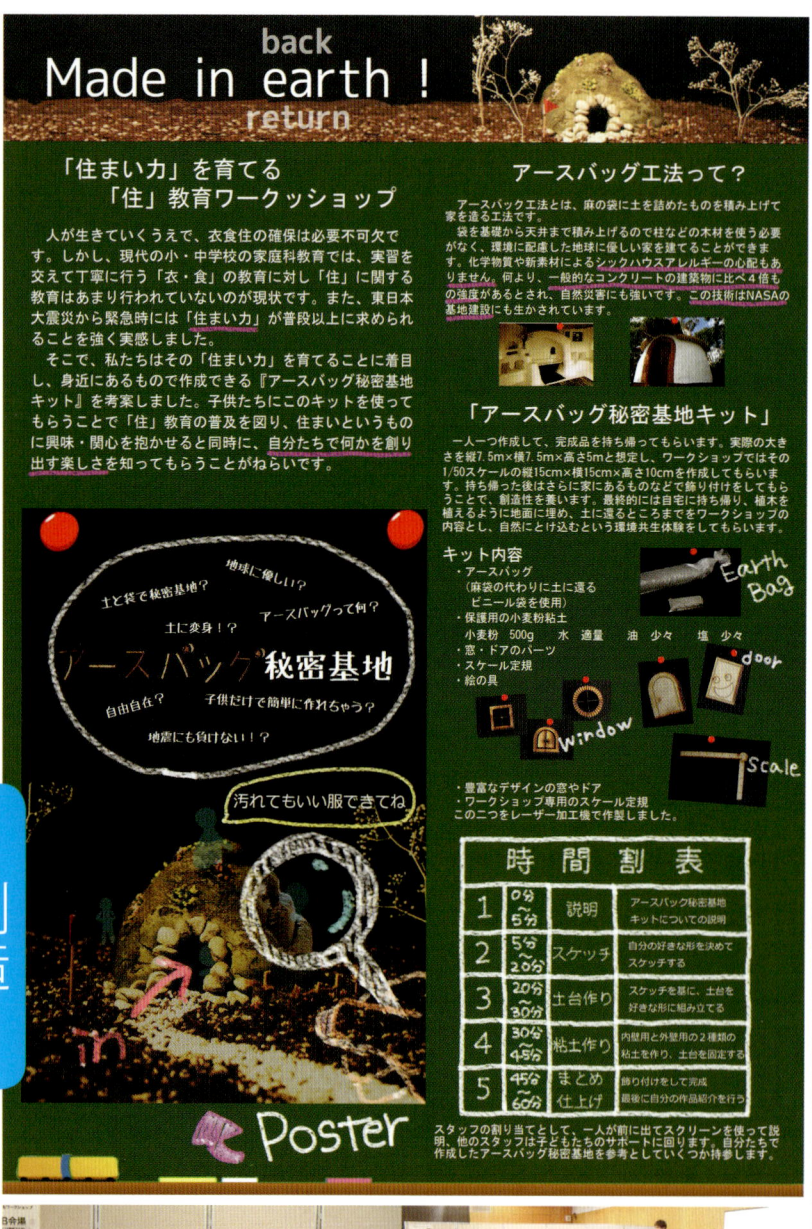

米子優秀賞2013

---

back Made in earth！ return

「住まい力」を育てる「住」教育ワークッショップ

人が生きていくうえで、衣食住の確保は必要不可欠です。しかし、現代の小・中学校の家庭科教育では、実習を交えて丁寧に行う「衣・食」の教育に対し「住」に関する教育はあまり行われていないのが現状です。また、東日本大震災から緊急時には「住まい力」が普段以上に求められることを強く実感しました。

そこで、私たちはその「住まい力」を育てることに着目し、身近にあるもので作成できる『アースバッグ秘密基地キット』を考案しました。子供たちにこのキットを使ってもらうことで「住」教育の普及を図り、住まいというものに興味・関心を抱かせると同時に、自分たちで何かを創り出す楽しさを知ってもらうことがねらいです。

アースバッグ工法って？

アースバック工法とは、麻の袋に土を詰めたものを積み上げて家を造る工法です。

袋を基礎から天井まで積み上げるので柱などの木材を使う必要がなく、環境に配慮した地球に優しい家を建てることができます。化学物質や新素材によるシックハウスアレルギーの心配もありません。何より、一般的なコンクリートの建物に比べ4倍もの強度があるとされ、自然災害にも強いです。この技術はNASAの基地建設にも生かされています。

「アースバッグ秘密基地キット」

一人一つ作成して、完成品を持ち帰ってもらいます。実際の大きさを縦7.5m×横7.5m×高さ5mと想定し、ワークショップではその1/50スケールの縦15cm×横15cm×高さ10cmを作成してもらいます。持ち帰った後はさらに家にあるものなどで飾り付けをしてもらうことで、創造性を養います。最終的には自宅に持ち帰り、植木を植えるように地面に埋め、土に還るところまでをワークショップの内容とし、自然にとけ込むという環境共生体験をしてもらいます。

キット内容
・アースバッグ
　（麻袋の代わりに土に還るビニル袋を使用）
・保護用の小麦粉粘土
　小麦粉 500g　水 適量　油 少々　塩 少々
・窓・ドアのパーツ
・スケール定規
・絵の具

Earth Bag / door / window / Scale

・豊富なデザインの窓やドア
・ワークショップ専用のスケール定規
この二つをレーザー加工機で作製しました。

時間割表

1	0分〜5分	説明	アースバック秘密基地キットについての説明
2	5分〜20分	スケッチ	自分の好きな形を決めてスケッチする
3	20分〜30分	土台作り	スケッチを基に、土台を好きな形に組み立てる
4	30分〜45分	粘土作り	内壁用と外壁用の2種類の粘土を作り、土台を固定する
5	45分〜60分	まとめ仕上げ	飾り付けをして完成最後に自分の作品紹介を行う

スタッフの割り当てとして、一人が前に出てスクリーンを使って説明、他のスタッフは子どもたちのサポートに回ります。自分たちで作成したアースバッグ秘密基地を参考としていくつか持参します。

創造

Poster

---

108 ｜ デザコン 2013 in YONAGO

\>\>受賞作品\>\>本選作品5　WORK 5

僕の私の秘密基地をつくっちゃおう！
（自分たちだけの秘密基地を作ろう！！）

米子高専

上田 信良○／岡崎 椋平／愿山 翔（建築学科5年）
熊谷 昌彦／金澤 雄記（担当教員）

米子 優秀賞 2013

僕の私の秘密基地をつくっちゃおう！

〜テーマ〜
「木質ブロックを使用し子供たちで協力し合い秘密基地をつくる」

使用材料
- 木質ブロック
- インパクト
- 木ビス
- クライムバー

木質ブロック

時間配分
- 0〜10min　ワークショップの説明、役割分担
- 10〜50min　秘密基地製作
- 50〜60min　遊ぶ、感想を聞く

〜秘密基地製作の過程〜

1. **土台を図面通りの位置に置く**
土台は数種類あり その中から適切なパーツを選ぶ

2. **土台の上に木質ブロックを置く**
図面の数字の意味
木質ブロックは大きく分けて5種類ある。横の長さが20cm,30cm,40cm,50cm,60cmのブロックがあり、20cmのブロックであれば穴の数が2個、30cmであれば穴が3個となっている。図面のブロックの数字が穴の数と対応している。この図面を元に位置関係を考えながら組み立てていく。

3. **木質ブロックを置き2段目完成 1段目の天板を取り付け**
〜工具に触れる〜
普段の生活で使用できない工具の取り扱いを体験する。今回のワークショップでは屋根面の取り付けとクライムバーにビスを使用するためインパクトを使う。小学生2人、組み立て班とは別にインパクト班として活躍してもらう。

4. **木質ブロックを置き3段目完成 2段目の屋根天板を取り付け**
1段目の屋根から上っていき飛び降りて遊ぶことが出来る。

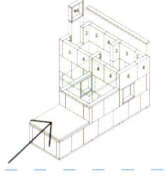

5. **残りの天板とクライムバーの取り付け**
屋根を付けていない部屋の壁にはクライムバーが取り付けられており、下から上がって屋根に上ったり、下ることが出来る。

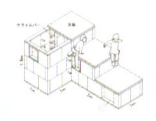

このワークショップを通して学ぶこと

1. 図面を読み取り組み立てる力
製作工程の1〜5で図面を読みながら組み立てていくことにより学ぶことが出来る

2. 考える力
今回のワークショップは、小学生同士で話し合い「組み立てる人」「ブロックを運ぶ人」など役割を決めてもらうため自分がどこに適しているのかを考える。そのためには自分の考えを主張することが重要である。

3. 達成感
全員が一丸となって1つの物を作り上げた時の達成感を感じてもらう。また、このワークショップを通し少しでも建築に興味を持ってもらえたらと思う。

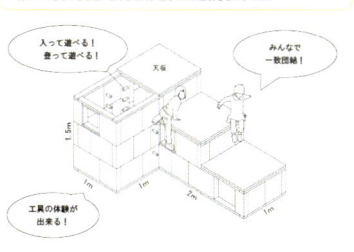

創造

109

>>受賞作品>>本選作品2　WORK 2

アーチボックス

米子審査委員特別賞 2013

呉高専

谷本 昂陽○／柳川 かえで（建築学科5年）／堤 光希／
下寺 孝典／矢木 皓子（建築学科4年）

間瀬 実郎（担当教員）

>>受賞作品>>本選作品3　WORK 3

かさでアート

米子審査委員特別賞 2013

サレジオ高専

佐藤 愛○（デザイン学科2年）／馬場 悠登／
小宅 修利／藤谷 力澄（デザイン学科4年）

谷上 欣也（担当教員）

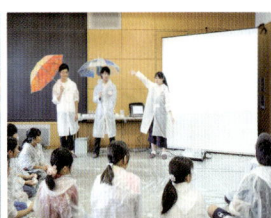

創造

110 | デザコン 2013 in YONAGO

\>\>受賞作品\>\>本選作品１　WORK 1

目で見えるようで見えない木
（目だけでは見えない木の魅力）

米子審査委員特別賞 2013

舞鶴高専

河崎 克伸○（建設システム工学科4年）／
村田 雄介／上中 匠（建設システム工学科3年）

尾上 亮介（担当教員）

創造

\>\>受賞作品審査講評　COMMENT

受賞作品審査講評

明石高専『まちカードばとる！！』参加者募集用チラシ

1位　明石高専『まちカードばとる！！』

　今回の課題の参考になる図1をもとに明石高専案の良かったところを説明します。図1のように、まずは「物（プロダクト）のデザイン」からスタートします。コンセプトがあって、プロダクトをデザインする。今回みなさんがトライしたのが、図1にある「サービスのデザイン」と「共創のデザイン」です。たとえば、明石高専案『まちカードばとる！！』では、最初にカードを作って、「とにかくやってみよう」という「コンセプト」があった。やってみたらいま一つだったので、「子供がどうやってうまく参加できるか」を検討する。この「検討する」ことが「サービスのデザイン」という「プロセスの設計」なのです。プロセスの部分（サービス）をデザインしていくと、カードだけではなくて、猫などを作らなくてはならなくなった。これが「プロダクトのデザイン」で、「プロセス」を実現するための道具を作ることです。釧路高専案の「アースバッグ」（土嚢）も同じです。「どうやって子供たちに体験させるか」と考えて、あのすばらしいキットを作ったわけです。

　その上でもう1つ大事なのが、みなさんが計画していること以外のことが現場で起きるようにしておくこと。石戸審査委員の講評にあった「大人のレールに乗っけて子供を走らせるだけじゃない」ということがとても大切

だと思います。

　明石高専案は、少々強引にしても「えー？」と驚かされるような事案が出てくる点が、とてもよくできていました。それで、これから社会に巣立つみなさんに、社会人の私から大事なメッセージです。今、日本の物作りが弱いのは、この「プロダクトのデザイン」ばかりを重視するからなのです。「品質のよい物はきっといいはずだ」と。「そうではない」というところが、日本が困っている理由です。使う人とプロダクトをデザインする人が一緒になって、その物をどうやって使えるかを考えることが大切なのです。今回みなさんは、いきなり最終形の物を作ったわけではないと思います。たぶん「サービスのデザイン」から始め、図1のようなサイクルを何度も経

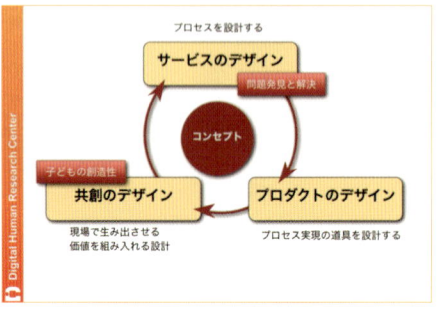

図1　ワークショップをデザインするためのプロセス

て、最終的にここに持ち込んだ物を作ったことでしょう。ここが、これからの日本に求められている大事なところです。

　今回はたまたま審査基準に「問題発見の解決」「子供の創造性」というキーワードが入っていたため、それによって順位が少し変わりましたけれど、いずれの案も本当によくできていたと思います。

（持丸 正明）

　まず、1つ目は、子供たちに対する真剣さ。子供たちは本物を見極める力がとても高いので、プロに対しては本当に真剣に取り組む。子供に対する大人の真剣さは、子供に確実に伝わります。明石高専案は、子供を子供として扱うのではなく、子供と真剣に向き合う気持ちでプログラムをつくり、実際のワークショップ中にも子供と真剣に向き合っていた点がとてもよかったと思います。

　また、「問題発見」に特に注力した点が非常にいいと思いました。10年前から、ワークショップの手法を人々に伝える活動をしていますが、近年、ワークショップへの社会の注目が高まっていることを感じます。ワークショップは、まさに「課題の発見」や「解決」のために存在する手法だからこそ、広まってきて、今後も増えていくと思うのです。情報化社会になり、国際化が進み、専門家だけが問題を解決できる時代ではありません。だ

からからこそ、みんなで協力しながら、ワークショップ型で社会的な課題の解決に取り組んでいこう、という時代が来ているのだと思います。しかし、課題をどのように発見するのか、解決するのか、という方法については、誰もが模索している最中です。このような社会状況のなか、「問題発見」というテーマにきちんと取り組んで、メソッド化している（具体的な方法として実現している）点が、とてもすばらしいと思います。　（石戸 奈々子）

　明石高専案は、はじめのスタッフ紹介の動画から始まり、カードのグラフィック、スタッフのTシャツのデザインなど、細部に至るまでデザインされていました。自分たちでシミュレーションしたワークショップで、ただカードを選ぶという行為だけでは、実際には、子供の積極的な発言が出てこないことを学び、それを踏まえて、そこにゲーム性を取り入れていく、といったプロセスに説得力がありました。

　ワークショップでは、子供が、他の子供たちの発言を全く聞かずに、自分のカード選びに没頭している様子を見ても、子供の積極性を引き出すための仕組みづくりがかなり上手にできていたと思いました。

　1つ1つ見ていると、子供たちがとんでもないカードを引いていました。たとえば、「危険な行為を探す組合せ」で、「太っている人が、ブランコに乗って、携帯電話を持っていて危ない」といったカードも選んでいました。ファシリテータが「それを認めるわけにはいかない」と言っているのに、子供たちは自分からサイコロを振って、成果の景品のシールやアップリケをもう選んでいる。頭のいい子供たちはすぐルールに順応して、ちょっと無理やり感があっても強引に景品を獲得しようとする。そして、子供の発言内容や選んだ組合せの発想のなかには意外性があり、「こういうことも実際にあるな」と思える解答もたくさん出て、それも発見の1つだと思いました。

　私も大阪の産業デザインセンターで、カードを使ったワークショップをしたことがあります。看護師、トラックの運転手、妊婦など、いろいろな職種や身体の状態の「人間カード」を作りました。明石高専案にとても似ています。私のワークショップでは、引いたカードの人になることがルール。看護師のカードを引いたら看護師になりきらないといけない。妊婦になりきらないといけない。被験者が、その人になりきって想像体験をしながら、どうプロダクトを考えるかというワークショップでした。明石高専案でも、カードがつくった思わぬ組合せのシチュエーションを通して、子供たちにその状況を想像体験させ、短時間のうちに子供たちを空想の世界に導くことができる。そこが、本当にうまくできていました。私のワークショップでは、たとえば、私がナースになるわけですから相当気持ち悪い。それと比べると明石高専案は、非常にさわやかでよかったです。（ムラタ チアキ）

釧路高専『Made in earth!』参加者募集用チラシ

2位　釧路高専『Made in earth!』

　釧路高専案は、「子供たちがどうやって体験していくのか」というプロセスをうまくつくり出す目的で、キットを細かく作り込んだという面もあったと思います。もう少しファシリテーションを工夫すれば、この案はもっといろいろなことを体験できるワークショップになると思います。ムラタ審査委員長の講評にあったように、ファシリテーションがうまくできるようになると、もう少し自由度の高いワークショップになるので、ぜひ、改良を進めてほしいと思います。たとえば、土の詰め方にコツがいるようでしたが、そんなところも1つの「創造性」の育成に関わる点だと思います。

　ミニチュアを作るという釧路高専案では、ミニチュアを作っているときに、作り手の創造力をいかに掻き立てるかが重要です。しかも掻き立てれば掻き立てるほど、作り手が夢中になるものです。ムラタ審査委員長に同感で、プレゼンテーション（以下プレゼン）の画像を子供たちに見せることは、そのためにとてもよかったと思います。　　　　　　　　　　　　　　　　（持丸 正明）

　プレゼンを聞いて、子供たちに本当に楽しんでもらうために、とても緻密に考えた提案であることがわかります。子供への愛を感じて、高く評価しました。

　また、まるで市販品のようなキットがすばらしいと思いました。キットを作るにあたって、どうすると子供が

創造

>> 受賞作品審査講評　COMMENT

つまずかないで全部完成させられるか、というところまできちんと設計されています。私自身も何千回もワークショップをやり、たくさんのワークショップを見てきましたが、「こんなネタがあるのか！」という新鮮な驚きがありました。
（石戸 奈々子）

　ファシリテータが「倒れそうになった本体を支えてほしい」と助けを求めた時に、子供たちに「今は無理！」と返されて大笑いした場面がありましたが、子供たちが手を離せないぐらいキットに夢中になったワークショップでした。紙袋のなかからキットが出てきたときは、ここまで緻密に作り込んでいるのかと本当に驚きました。
　また、プレゼンが非常によかった。プレゼンの画像にあった、家がたくさん集まったミニチュアハウスの村も高専の学生が作った作品でしょうか。あの画像は子供たちに見せるべきでした。世界中にある、さまざまなアースバッグの家をたくさん見せることで、子供の気持ちをどんどん高揚させていって、「さて、あなたの家はどう作りますか？」というプロセスにすると、もっと「創造力」の育成につながったと思います。さらに、アースバッグを積んで、その表面に漆喰や土を塗り込んで、その上に植栽があったりしながら、「実際にこういうプロセスで、アースバッグの家はできている」という画像を見せることで、もっと子供たちの理解度が深まるでしょう。その辺の工夫が少し足りませんでした。
　プレゼンにあったCCDカメラの話は、なかに入っていくと本当に小さなシルバニア・ファミリーのような世界があると、子供たちがもっとワクワクするのではないかと思います。そのあたりも加味して、さらにいいものをつくっていってください。
（ムラタ チアキ）

米子高専『僕の私の秘密基地をつくっちゃおう！』参加者募集用チラシ

3位　米子高専『僕の私の秘密基地をつくっちゃおう！』
4位　呉高専『アーチボックス』

　4位の呉高専案『アーチボックス』は非常によくできていて、私は好きです。特に、プレゼンを聞いて、固有振動を一生懸命に伝えていた仕組みがよくわかりました。
　また、私たちからすれば、2つとも同じように「作った」案に見えるのですが、子供たちのアンケートの結果では、呉高専案に参加した子供たちからは「組み立てる」という言葉が多く、3位の米子高専案『僕の私の秘密基地をつくっちゃおう！』に参加した子供たちからは「作る」という言葉が多く出てきました。いずれにしても、米子高専案に参加した子供たちは「作った」気分になった、というところが面白かったです。
　3位の米子高専案は「共創」、つまり、子供たちが他人と一緒に何かを作っていくという面でとてもうまくできていたし、子供たちの力をとても上手に引き出していました。ファシリテータたちがほとんど手を貸さないうちに、子供たちが先立ってどんどん作り上げていくような場をつくれたところが、何よりもよかったと思います。こういう方法が後に続く学生たちの手本となるのではないかと思います。本当に僅差でしたが、私は子供たちの意見も踏まえて、最終的に、米子高専案のほうを3位にしたという気持ちです。
（持丸 正明）

創造

呉高専『アーチボックス』参加者募集用チラシ

　2案とも非常にすばらしいワークショップでした。空間を使うワークショップは、安全面を加味すると選択肢が限られるので、今後、私たちも2案のアイデアを取り入れていきたいと思います。

　持丸審査委員の講評にあったように、3位の米子高専案は子供たちの熱中度合がすごかったです。子供たちがとにかく夢中になって、ずっと笑顔で、すばらしいチームワークを発揮していたという点では、6作品の中で一番だったと思います。

　私は今までに、30万人ぐらいの子供たちに何千回とワークショップを提供していますが、「究極のファシリテーションはファシリテートしないことだ」とよく言います。つまり、ファシリテートしないでも子供たちが自主的に学び続ける、作り続けるような環境をつくれた時に、本当にいいワークショップの設計ができたと言えるのではないかと日々考えているのです。米子高専案は、まさにそれができていました。むしろファシリテータのほうが子供たちから指示を出されているという非常に珍しいパターンを見せてもらえて、その点でも本当にすばらしかったと思います。　　　　　　　　　（石戸 奈々子）

　子供のアンケートにあった「組み立てる」と「作る」という言葉の差。「作る」のほうに、もしかしたら創造の「創」の字の意味が込められているかもしれない、と審査委員一同は思いました。そして、今後、3位の米子高専案の秘密基地が今の形にとどまることなく、もっと展開させることができれば、いよいよ創造性の「創」という部分が際立ってくるのではないか、と。そういう面では、まだ発展途上にある仕組みとして、米子高専案には今いっそう期待したいと思っています。

　私の所感ですが、4位の呉高専案は審査委員には非常に評判がよかった。ただ惜しかったのは、たとえば最後の1ブロックをなかなか積めなかったとき、ファシリテータが下にあるブロックを子供に手渡した場面。そうした手伝いはしないほうがよかったと思います。手が足らないけれど、子供たちが支え合って何とか手を伸ばして最後の1つを取る、というようなプロセスを踏まないと、「自分たちの力でやりきった」と思える部分が子供のなかに生まれないのではないでしょうか。その部分が残念で、少しマイナス点になっています。そのあたりを加味して組み立てれば、さらにすばらしいものになったと思います。　　　　　　　　　（ムラタ チアキ）

創造

>>受賞作品審査講評　COMMENT

サレジオ高専『かさでアート』参加者募集用チラシ

5位　サレジオ高専『かさでアート』

　サレジオ高専案『かさでアート』については、コメントしたいことが2点あります。1つは、今回の創造デザイン部門についてのムラタ審査委員長の発言にもあった「問題発見と解決」と「子供の創造性」。創造性という面では、6作品中一番楽しくできていました。しかし、コンセプトの設計の面では、「子供自身の問題発見や解決」という点が、もう一歩でした。

　2つめは、子供側のノリという意味では、もっと時間を区切ってメリハリをつけると面白くなったかもしれないということ。長い時間ペイント遊びをできるのは楽しいのですが、ペイントに夢中になってしまうあまり、ファシリテーションとしての全体のメリハリが損なわれてしまいました。そこをもう少し考えるといいと思いました。

（持丸 正明）

　子供たちが生きるにあたって必要な力は、創造力とコミュニケーション力だと考えています。「作る」ワークショップをとても大事にしているので、サレジオ高専案のワークショップは個人的には、とても好きです。置いてある素材や空間の作り方、プレゼンテーションを含め、トータルで子供たちをワクワクさせる設計になっていて、クオリティが高かったと思います。

　ただ1点、まさに今回のテーマの1つである「課題を発見して解決する」という点に応えていたかどうか、と

いうところで減点になってしまったのが残念です。ワークショップ自体は、創造性を育むワークショップとして非常にいいプログラムだと思いました。　（石戸 奈々子）

　非常に楽しい傘アートのワークショップでした。筆やペンなどで紙に書くのは当たり前ですが、日常の身の回りにある物に絵具を付けて傘に転写していく方法。普段やったら親に叱られそうなことが解禁になったようで、子供たちはワクワクしちゃいますよね。

　これは気づきを与え、子供たちのOS（行動パターン）にかなっているので、子供たちはとても楽しかったと思います。ただし、他の作品と比較すると子供からの評価は少し下がってしまいました。

　創造性を育むという点では、石戸審査委員の講評にあったように一番高かったと思います。ただし、身の回りの問題に気づいて解決するという点に関しては、少し欠けていたという評価です。これは主旨の違いなので、悲観的に考えずに、ぜひサレジオ高専案を何かに生かしてほしいと思います。

（ムラタ チアキ）

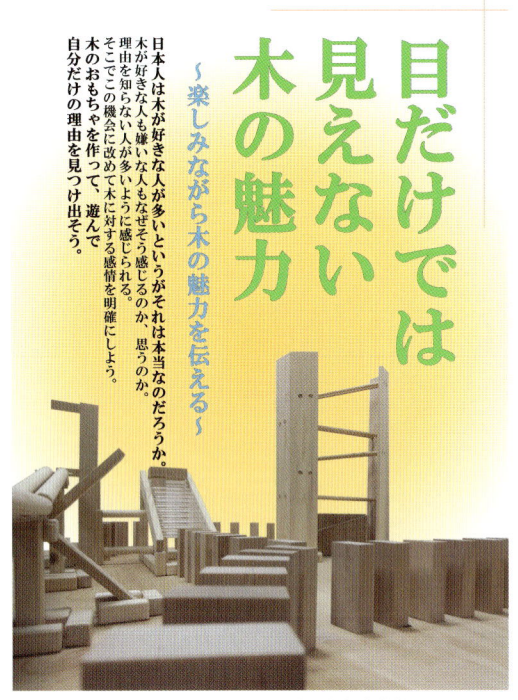

舞鶴高専『目で見えるようで見えない木』参加者募集用チラシ

6位　舞鶴高専『目で見えるようで見えない木』

　舞鶴高専案『目で見えるようで見えない木』には、伝えたいことが2つあります。すごくよくできているのですが、少々欲張りすぎたようです。香りも、手触りも、あれもこれも……と。プレゼンで紹介したドミノを使うのであれば、たとえば、重さを中心テーマと決めて、ドミノの失敗する場所も「重さ」で解決できるところに絞っておき、その範囲で子供に問題を発見させるためのきっかけづくりにフォーカスしてあるとよかったと思います。

　もう1つは、今後の可能性です。今、メーカーなどをはじめ日本国内では、木育（もくいく）といって子供に木を触らせる活動に熱心になっています。そのため、このようなアプローチは、さまざまなところで好まれると思います。もう少し頑張って、ぜひこの案を成長させてください。
（持丸 正明）

　私も「木育」のワークショップに関わっています。「五感を使って木を感じる」という説明に対し、実際の内容はどちらかというと構造がテーマだったところにズレを感じました。また、大きな物が倒れていくのは確かに面白いのですが、どうしても「大人のレールの上で子供たちを遊ばせてしまった」という感が拭えませんでした。

　もちろん、ワークショップにおいては、「子供のスイッチが入る瞬間」というところを設計することは非常に大事ですし、作られていた物は非常に面白かった。そこまで作るのであれば、たとえば、はじめは大人が作った物として見せて「全部倒れた、すごい」という感動を伝えておき、子供にスイッチが入った後で「こんなことが自分たちでもできるんだ」と勉強させる方法もあります。同じプログラムでも、そういう方向にもっていけばよかったと思いました。
（石戸 奈々子）

　木の香り、色、音などを味わうワークショップでした。私にとっては、ワークショップの印象とプレゼンの印象が全く違いました。「ここまで考えていたんだ」ということがプレゼンでわかったからです。

　ワークショップでドミノが倒れないのを見て、私は、ドミノが倒れずに失敗しているのだと思っていました。しかし、実は、そこに問題を見つけさせて、なぜ倒れなかったかを考えさせていたのです。

　「それは銀杏の木が軽かったから？」「そして次の木が重いから倒れないの？」と、子供たちが身をもってわかることを通して、木の個体差、特質性を勉強していくプログラムでした。

　ただし、その辺を、現場で相手にうまく伝えられなかったところは反省点です。せっかくいい企画なので、もう少しわかりやすく相手に伝える工夫ができれば、非常によいワークショップになったと思います。
（ムラタ チアキ）

「子どもワークショップ」参加者募集チラシ

創造

「子どもワークショップ」に参加した子供へのアンケート

―― 自由記入欄より

凡例：
アンケート質問項目
①どのようなところが面白かったか
②イメージ通りのワークショップだったか
③どのようなことを学ぶことができたか
④全体の感想

註記：
＊高専名『作品名』（本選作品番号）
＊アンケートへの記載内容をもとに整理

1位　明石高専『まちカードばとる!!』（4）

① ・遊びながら危ないところがわかったところ。
・ポイントが貯まるのが面白い。
・シールをもらえたから。
・頭を使うのが楽しかった。
② ・チラシではどんなワークショップかわからなかった。
③ ・街の危ないところ。
・いろいろな不便なところがあるのがわかった。
④ ・いろいろな人と仲よくなれた。
・街の危ないところがわかったから、他の人を助けてあげたい。
・景品があり、よかった。
・カードを使うのが楽しかった。
・いろいろな友達ができてよかった。

2位　釧路高専『Made in earth!』（6）

① ・静かすぎた。でも、内容は面白かった。
・作るものがあるから。
・大きいものを見ながら作ったからわかりやすかったし、土嚢を積むのが地道で楽しかったから。
・自分1人だけで秘密基地を作ったことがなかったので、はじめての経験ができたから。
・作ってあまりできなかったけど、扉を付けるところが面白かった。
② ・小さい模型を作るところ
・大きい物を作るから持って帰れないと思ったが、持って帰れた。
・どんな感じかイメージしていなかった。
③ ・いろいろと工夫すれば、いろいろなことができる。
・1人が入れるような大きな家でも、段ボールに入るくらいに折り畳めること。
・1人では何もできないこと。
・自分だけでもいろいろなことに挑戦してみようと思った。
・1人ではできないけれど、みんなですることができる。
・身近な物でもできる。
④ ・いろいろと工夫されたことがあり、それができ、いい体験になった。
・楽しかった。
・大きい解説があって、わかりやすかった。
・小さいけれどかわいらしい家ができたからよかった。
・秘密基地を1人で作ったのははじめてだったので楽しかった。
・すごくたくさん人がいて、ちょっと恥ずかしかったけれど楽しかった。
・いろいろなことが体験できて、よかった。

3位　米子高専『僕の私の秘密基地をつくっちゃおう!』（5）

① ・はじめて大きなものを作ったから。
・ものを作るのが面白かった。
・みんなと協力できてよかった。
・知らない子と仲よくなれた。
・作るのがすごく面白かった。
・いろいろな木材で組み立てながら作れたから。
・自分たちで基地を作ったのが面白かった。
・自分たちだけで木を使って何かを作ったのが楽しかった。
② ・チラシの写真では「木」ではなくて「段ボール」だと思った。
③ ・いろいろなこと。
・協力すること。
・さまざまな工夫があった。
・ネジの留め方などがわかった。
・木でも秘密基地が作れたということ。
・大変なこと。
・みんなで協力をして、いろいろなことをすると早くなる。
・すごくたくさんの作業があって楽しかった。
④ ・みんなで協力できてよかった。
・とても面白い。
・もうちょっと時間があればよかった。
・楽しかった。
・大変だったけれど楽しかった。
・勉強になった。
・いろいろな木材を組み立てながら作れた。
・自分たちで作ったことが楽しかった。
・作ることに興味を持てた。

創造

4位　呉高専『アーチボックス』（2）

① ・落書きや壊すのが楽しかった！　組み立てるのが大変だったけれど、またやってみたい！
・何度も挑戦してやっと組み立てられて楽しかった。
・十字型のアーチが面白くて、少し怖かった。
・アーチについて知ることができて面白かった。
・みんなで協力できて楽しかった。
・十字型アーチが完成したとき、達成感があった。

② ・外でやると思っていた。

③ ・ビルの壊れ方がわかった。
・協力することの大切さ。
・「アーチボックス」も地震と同じ仕組みだということがわかった。
・低いビルと高いビルの違いが分かった。

④ ・難しかったけど楽しかった。
・みんなと協力できたことがうれしかった。
・説明がとてもわかりやすかった。
・グループの子と仲よくなれてよかった。

5位　サレジオ高専『かさでアート』（3）

① ・普段家ではできないことができたところ。
・いい傘が作れたから。

② ・絵の具を使うところ。

③ ・人と違うことをするのは楽しいということ。
・いつもは使わないような物でアートができること。
・身近にあるものを使って楽しめること。
・傘もいろいろな工夫をすると面白くなること。
・いつもは使えないものを使うと、いろいろな模様のペイントができることがわかった。
・いつもできないことをやってみる楽しさがわかった。
・人それぞれの個性がわかった。

④ ・家でできないことができて楽しかった。
・身近にある普通の物を使ってペイントできてとても楽しかった。
・傘に描くという発想がすごいと思った。
・使うとお母さんに怒られる物を使えて、すごく楽しかった。

6位　舞鶴高専『目で見えるようで見えない木』（1）

① ・ブナなどでドミノをしたり、木の魅力について知ることができたので面白かったです。
・ドミノで失敗したけれど、とても面白かった。
・大きなドミノを自分たちで作ることができて楽しかった。

② ・もっと大きな作品だと思っていた。
・木を切ったりすると思ったらドミノだった。

③ ・木の種類について知ることができた。
・木にはそれぞれ性格があり、場所によって色が違うことがわかった。
・木目の違いや、叩いたときの音の違いがあること。
・香りや重さなど。

④ ・すごく面白かった。
・ドミノが楽しかったし、木について知ることができてうれしかったので、また参加したい。
・ドミノがすごく楽しめた。
・木のにおいや、手触り、重さなどの木の個性を感じることができた。自分の好みも見つけることができたのでよかった。
・木について今まで知らなかったことがわかって、とても楽しかった。

創造

予選

予選審査評

ソーシャルデザインを学ぶこと
──予選審査講評に代えて

ムラタ チアキ
審査委員長

　現在、日本を含めた世界中で社会における問題が山積し、世界は混沌としています。行政主導の社会に疑問符が投げかけられ、1人1人が民の意思をもって自分たちの社会をつくっていくという時代に入ってきたのではないでしょうか。

　我々自体が動くというコミュニティの文化が高まっている現代、将来を担う子供たちに、自分たちの意思で未来を切り拓く力を教え育てることが大前提だと思います。そのためには、問題を発見し、俯瞰し、解決していく力を子供が身につけることが必要です。しかし、今の教育にはそれが欠けていると痛感しているのです。学校で知識はたくさん詰め込まれるのですが、目的を持たないために知識の使い道がわからないまま、メモリーを増やしている、というのが現状の子供たちの姿なのです。

　私は「デザイン」そのものが社会の問題を発見し解決するべきプロセスであると考え、それをソーシャルデザインの1つと位置づけて活動しています。活動のなかで、私が提唱している初等教育における「でざいん」教育の必要性を、ここに紹介したいと思います。

　図1の周りにあるのは小学校の4教科＋αです。これまで我々が習ってきたこれらの課目はSKILL（知識）にすぎません。かけ算も漢字を覚えるのもSKILL。我々はずっとSKILLを詰め込まれてきました。しかし一番大事な「でざいん」と書いたWILL（意思）の部分が欠如していたのではないかと思います。何のためにそのSKILLが必要なのか？　そのSKILLを使うことで、社会がどうよくなっていくのか？　私たちの未来が希望あるものになるのか？　そういうWILLを育てる「でざいん」の授業はどうあるべきかを考えてみました。

　図2では、観察→問題発見→問題解決→プロセスのプレゼンテーション→実行→ドキュメンテーションという連環する一連のサイクルを示しています。大事なことは、先生から問題を与えられるのではなく、自分で問題を発見すること。そして、自分で解決することです。友達と連携してもいい。そして、自分たちでプレゼンテーションし、実行する。実際に行なうことが大事です。

　創造デザイン部門の「子どもワークショップ」で、考えるだけではなく、実際に行動するのも同じ考えによるものです。今回は、多数の応募があり、予選を通過しなかったもののなかにも、上手に考えられた緻密な作品がたくさんありました。

　審査のポイントはまず、「子供たちに創造力を育ませる仕組みがあるか」ということ。それから、「子供たち自身に問題を発見させて、問題を解決させるプロセスができているか」ということ。このあたりが非常に重要な評価ポイントになっています。マニュアル通りにしか子供に体験させられていない作品の評価は少し落ちると思います。子供に問題をどう発見させるか？　そこが非常に難しいところですが、これがうまくできたチームが今回の優勝者になると思います。

（2013年11月10日　プレゼンテーションの冒頭の発言より）

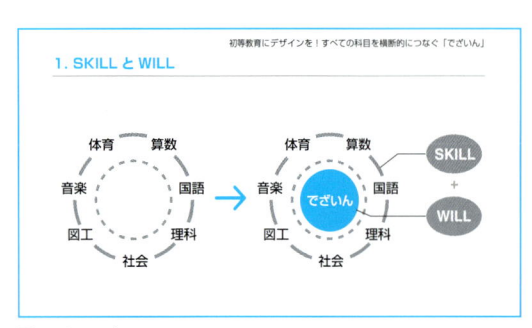

図1　SKILLとWILL

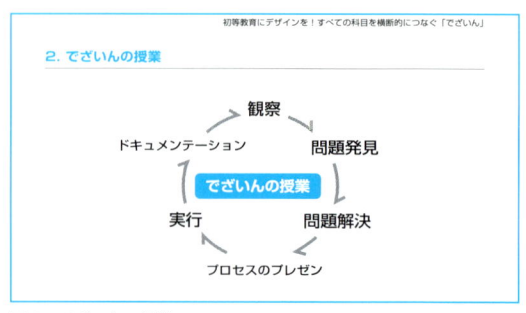

図2　でざいんの授業

予選審査概要

最初に審査委員たちから、「創造性を育むもの」「問題解決型」の面を重視したいという審査基準が明示された。この審査ポイントに沿って、その他のいろいろなバランスもみながら審査は進んだ。

まずは、各審査員に8作品ずつを選んでもらった。続いて1点でも票が入った下記の13作品については、票を入れた審査委員を中心に協議しながら、最終的に6作品に絞っていった。

■最初の投票で1票以上だった作品（1人8票）
舞鶴高専『目で見えるようで見えない木』（1）、釧路高専『Made in earth !』（2）、サレジオ高専『アカリコネクト』（6）、サレジオ高専『かさでアート』（8）、サレジオ高専『ドウブツ ハコニワ』（9）、明石高専『DREAM STREET』（13）、明石高専『カーテーション・ハウス』（14）、明石高専『まちカードばとる！！』（15）、豊田高専『ここからはじまる〜時計からはじまる空間デザイン〜』（25）、米子高専『合挨傘』（35）、米子高専『分×解＝創』（36）、米子高専『僕の私の秘密基地をつくっちゃおう！』（37）、呉高専『アーチボックス』（40）

さらに、辞退者が出た場合に備えて、補欠作品を1点選出した。

本選でのWS（ワークショップ）実践では、審査委員のコメントを参考にブラッシュアップしてほしいとの要望があった。
（高松 佳子・米子高専）

予選通過作品へのコメント

舞鶴高専『目で見えるようで見えない木』（1）：自由度が一番高いように感じるところを評価した。どんなことをやるか見せてもらいたい。

釧路高専『Made in earth !』（2）：模型サイズではなく、ぜひ子供が空間として体験できる実物大のサイズで作ってほしい。

サレジオ高専『かさでアート』（8）：「普通じゃない」というコンセプトは評価できる。しかし、単なるアートで終わらせずに、個性を出すことの意味、社会的な意義までまで、もう少し踏み込んで考えてほしい。たとえば、雨の日にコンビニエンス・ストアに入ったとき、傘置き場に置いた傘が同じだと他人の傘と間違えて持ち帰ることもあるが、傘にちょっとずつ個性を出せば間違えないようになる、といった何か社会とつながる意義を検討してほしい。

明石高専『まちカードばとる！！』（15）：カード自体も子供たち自身に考えさせると面白いのではないか、検討してほしい。また、観察から「Item」を導き出し、「Person」もいろいろな場合を考えさせる方法も検討してほしい。さらに、人だけでなく、場所や時間の違いもカードにできないか、考えてみてほしい。

米子高専『僕の私の秘密基地をつくっちゃおう！』（37）：これだけの基地空間ができたらすばらしいと評価を得た反面、実際にこれだけのものが1時間でできるのかが心配された。また、インパクトレンチ（電気などでモーターを回転させ、強い力でボルトやナットを回す工具）を使用するので、安全面には十分に注意してほしい。決まった形の物を作って終わりにするのではなく、多少なりとも子供自身に考えさせて独創的に作らせてほしい。

呉高専『アーチボックス』（40）：構造を実物大で体験しながら学べる点を評価した。また、対戦というゲーム性に加えて、協調性を必要とする仕組みが巧みに計画されていて、子供たちも面白がりそうなところ、壊したときの迫力なども高評価だった。

補欠作品へのコメント

サレジオ高専『アカリコネクト』（6）：「なぜ人の想いをデザインするのか？」という点で、少し難しいと評価された。それよりも、むしろ実際の社会に落とし込むような仕掛けがほしい。たとえば、鳥取県の鹿野町では、風車が町の風景としてデザインされている。たとえば「町の明かり」というように、まちづくりのパーツのような取組み方も検討してみてほしい。

註　＊（　）内の数字は、予選の作品番号

日時＝2013年9月13日（金）15：00〜17：00
会場＝独立行政法人　産業技術総合研究所　臨海副都心センター　会議室（東京）
事務担当＝高増 佳子、前原 勝樹（米子高専　建築学科）
応募期間＝2013年9月2日（月）〜9日（月）

予選提出物＝
プレゼンテーションポスター：ワークショップのタイトル、テーマ、ねらい、概要文（200字程度。使用道具、考案物、時間配分など）。募集チラシ（ワークショップの子供募集用、A4判サイズ）も配置（A2判サイズ1枚、3mm厚スチレンボード等でパネル化、縦）
エントリーシート：所定のもの
予選通過数＝6作品（25人、6高専）、補欠1作品（4人）

>> 予選作品一覧　PRELIMINARY LIST

予選作品番号	高専（キャンパス）	作品名	チーム名	学生氏名（学科学年）
3	石川	いろどりみどり	石渡研究所	三輪 翔太／平井 蕉伍／横越 みどり／吉田 華子（建築学科5年）／山下 明由美（建築学科4年）
4	阿南	自由すぎる不自由	Crea-Design I	氏師 悠貴／四宮 嵐／浜田 真宏／丸山 翼／米澤 創（建設システム工学科4年）
5	阿南	自由自在！？phantasmagoric bamboo!!竹の変化を見極めろ！！	Crea-Design II	今出 圭哉／天羽 智大／坂東 勇飛（建設システム工学科4年）
6	サレジオ	アカリコネクト	コッペパン	片柳 葵／渡邉 日香里（デザイン学科2年）／内村 麻代／鳥畑 加奈子（デザイン学科4年）
7	サレジオ	染 -sen-	なたね	大竹 花波／荘子 奈穂（デザイン学科2年）／廣瀬 裕太／古川 拓哉／井上 正義（デザイン学科4年）
9	サレジオ	ドウブツ ハコニワ	わさび	今野 義己（デザイン学科2年）／井上 寛／佐藤 香琳／安田 康平（デザイン学科4年）
10	有明	MAKEAT × RENOVATION	有明高専5A女子	馬場 舞子／藤本 ちひろ／百田 直美／山口 美咲（建築学科5年）
11	有明	家建ちぬ	チームX	甲斐 史也／櫻木 卓矢／松下 健介／川島 直城（建築学科5年）
12	有明	ストラクチャー×ワークショップ＝エンジニア	K.T	小山 智久／古賀 大貴（建築学科5年）
13	明石	DREAM STREET	岡田 朋子	岡田 朋子（建築学科4年）
14	明石	カーテーション・ハウス		石井 勝大（建築学科4年）

創造

予選作品番号	高専(キャンパス)	作品名	チーム名	学生氏名（学科学年）
16	豊田	視点をくるくるっと	hope	幸松 歩香／野口 紗世／村瀬 りお（建築学科 3 年）
17	豊田	クミアゲ	ＦＵＭＩＫＯ	溝口 聖悟／市川 翔大／福田 涼介／小柳 隆一（建築学科 3 年）
18	豊田	三匹の子ぶたくんから考えよう！	ぶーぶーぶー	黒田 あすか／森 遥貴（建築学科 4 年）
19	豊田	二十明体	Team 山田	山田 弘夢／阿部 真也／伊濱 大晟／丹羽 直紀（建築学科 3 年）
20	豊田	太陽と窓の建築子	ハジーズ☆	酒井 一／平賀 真幸／稲冨 太一（建築学科 3 年）
21	豊田	ツクルを変える	揶揄（受身）	小林 柾斗／小倉 尚武／加藤 駿／大槻 昇平（建築学科 3 年）
22	豊田	サンゴでつなぐ山と海	No Stay Architecture	清水 淳史／筒井 伸／寺澤 直道（建築学科 3 年）
23	豊田	モザイクＴＯＷＮ	チーム西垣	西垣 佑ística／鈴木 加乃／柴田 悠生／宮澤 美来（建築学科 3 年）
24	豊田	つなぐゆうぐ 僕たちの公園をデザインしよう	くぅくぅ	中川 直樹／間瀬 皐月（建築学科 3 年）
25	豊田	ここからはじまる〜時計からはじまる空間デザイン〜	はまぐりぐみ	渡辺 康平／鈴木 陽介／山本 雄一（建築学科 3 年）
26	豊田	地震に強い家づくり	チーム通生	米川 元太／櫛田 将希／横江 耕輔／太田 弘成（建築学科 3 年）
27	豊田	ステンドグラス	ふろっぐ	北河 克視／喜多下 薫／柳 研太（建築学科 3 年）

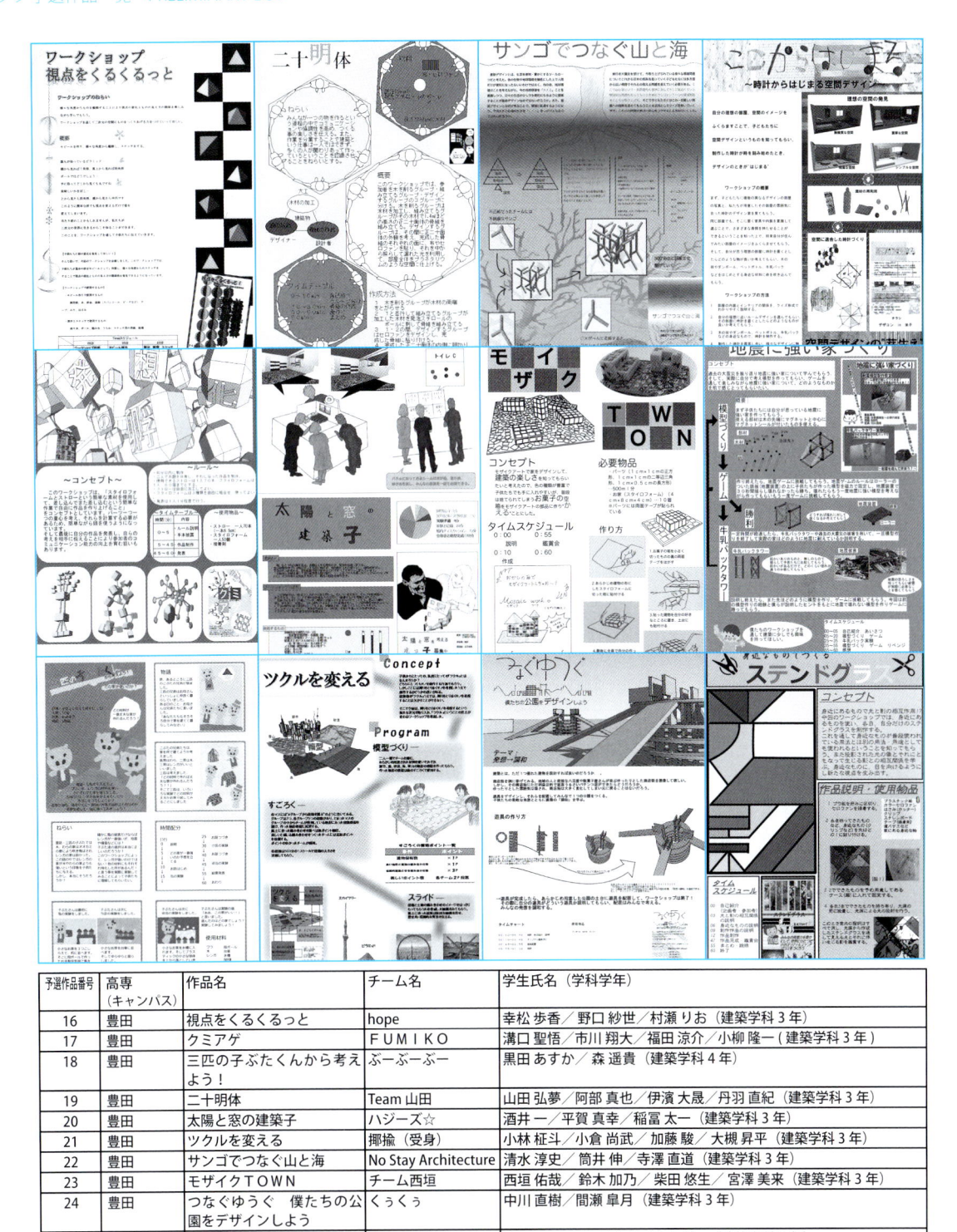

創造

>> 予選作品一覧　PRELIMINARY LIST

予選作品番号	高専(キャンパス)	作品名	チーム名	学生氏名（学科学年）
28	豊田	わがまちパズル	ガラケー族	纐纈 一真／小川 正気／近藤 慶次郎（建築学科3年）
29	旭川	うちわで知的財産を学ぼう！	発明研究会	小山内 達哉（電気情報工学科4年）／新出 智之（物質化学工学科5年）／朝比奈 一貴（物質化学工学科2年）／濱口 萌愛（生産システム工学科1年）／佐藤 博紀（生産システム工学専攻2年）
30	徳山	リッチマン・リッチウーマン　日本を作るのは…君だ!!	ふぉいぶ	津野 翼／江藤 美沙希／久保 望未／原田 真緒／丸山 直也（土木建築工学科3年）
31	熊本(八代)	私の秘密基地	デコボコ	前田 康祐／髙村 侑暉／丸田 悠理／森元 千裕／甲斐 早也香（建築社会デザイン工学科4年）
32	小山	建築ジャンボかるた	幕田長井	幕田 早紀／長井 菊野（建築学科4年）
33	石川	TOWN PLANNING	くまけんB	竹井 宗忠／越智 彩絵子（建築学科5年）／忌部 光佑／本間 元子（建築学科4年）
34	米子	MATI×ROKU	MATI×ROKU	加納 由稀／濱本 眞子（建築学科5年）／景山 亮／川上 航平／矢野 誠之（建築学科4年）
35	米子	合挟傘	あんぶれら	永井 萌／鈴木 明日実（建築学科5年）／村上 真奈（建築学科4年）
36	米子	分×解＝創	家具職人	足立 真平／青田 雄基／絹見 健太郎／國米 岳（建築学科5年）
38	米子	ヒカリダマをつくろう	KONISHI	秦 瑞希／小西 亜実／本谷 菜月（建築学科3年）
39	都城	オビスギでたのしスギ！	MONGO-D	山本 大起／佐々木 萌（建築学専攻1年）／福永 貴大（建築学専攻2年）／浦牛原 順平（建築学科5年）

創造

124 ｜ デザコン 2013 in YONAGO

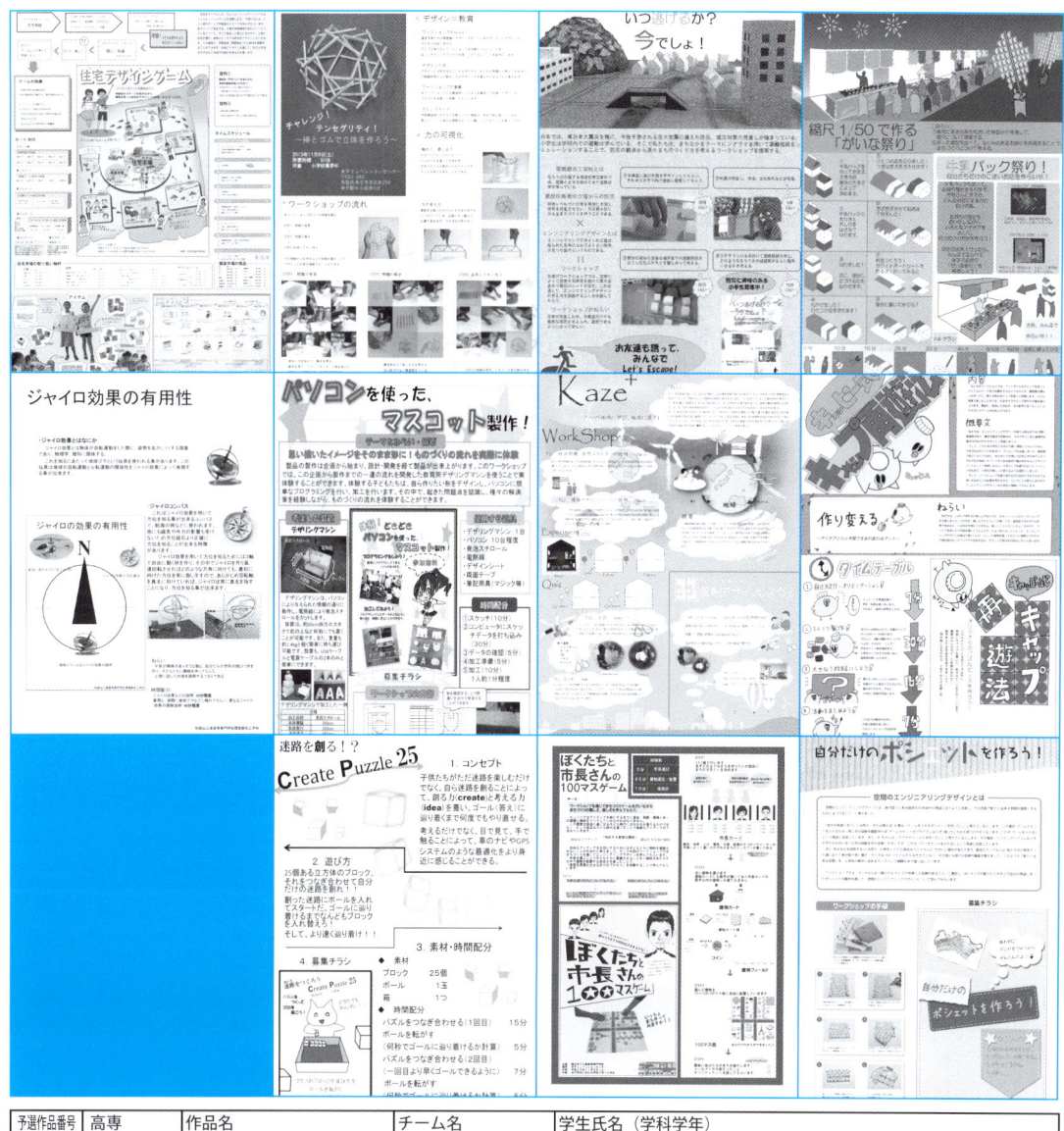

>>予選作品一覧　PRELIMINARY LIST

予選作品番号	高専(キャンパス)	作品名	チーム名	学生氏名（学科学年）
41	呉	住宅デザインゲーム	佐々木研究室	麻村 晶子／山田 萌子／横山 貴史（建築学科 5 年）／寺延 翼／高田 侑奈（建築学科 2 年）
42	和歌山	ジャイロと測量	チーム和高専	中島 輝生／岩本 光平／西 裕二（環境都市工学科 4 年）／井上 星（環境都市工学科 3 年）
43	石川	チャレンジ！テンセグリティ！～棒とゴムで立体を作ろう～	くまけんA	江上 史都／美作 天地（建築学科 5 年）／勝田 駿介／吉田 成（建築学科 4 年）
44	広島商船	パソコンを使った、マスコット製作！	もの育	和田 彩（電子制御工学科 4 年）／仲井 友紀（流通情報工学科 4 年）／和智 美希（電子制御工学科 3 年）
45	広島商船	Create Puzzle 25	ものづくり同好会	高垣 優菜（流通情報工学科 4 年）／里信 幸（電子制御工学科 2 年）／須賀 愛（流通情報工学科 2 年）
46	福井	いつ逃げるか？今でしょ！	えもけん。	前川 和也／田畑 昇（環境都市工学科 5 年）／町井 陽太（環境システム工学専攻 2 年）
47	石川	Kaze+（かぜプラス）	Moriha Lab	隅田 知樹（建築学科 5 年）／堀田 純／富田 宝／供田 麻希／金村 充（建築学科 4 年）
48	米子	ぼくたちと市長さんの100マスゲーム	あぶりカルビ	岡田 和也／藤原 淳／岩本 和幸（建築学科 5 年）／山碕 峻介（建築学科 4 年）／箱木 昂（建築学科 3 年）
49	豊田	縮尺1/50で作る「がいな祭り」	さるさるズ	萩本 真弓／日髙 遼／鈴木 綾子（建設工学専攻 2 年）
50	秋田	キャッピー式キャップ再遊法	Tea ceremonys	小野 聖人（環境都市工学科 4 年）／田口 元香／福田 朗子（環境都市工学科 1 年）／吉岡 茉美（物質工学科 1 年）
51	東京都立産業技術	自分だけのポシェットを作ろう！	CADデザイン研究同好会	高見 玲／五今谷 純平／黒岩 宙斗（電子情報工学コース 3 年）／宮下 実怜／山口 敦史（生産システムコース 3 年）

創造

全国高等専門学校 3次元ディジタル設計造形コンテスト

>>タイムライン　TIME LINE

エントリーシート提出期間1
2013/08/05 -08/09

エントリーシート提出期間2
2013/09/30 -10/04

19 ＝本選出場

本選

2013/11/09
1　仕様確認
2　プレゼンテーション

2013/11/10
3　最終仕様確認
4　競技＝走行競技
5　審査会

CADコン大賞（国立高等専門学校機構理事長賞）　茨城高専／Push out Machine
優秀賞　鹿児島高専／チェストイケ
　　　　呉高専／F.O.D.
審査委員特別賞　北九州高専／次世代ビークル：MONOWHEEL
　　　　熊本高専（八代）／アース・ウィンド・アンド・ファイアー

>>課題テーマ　THEME

ポテンシャル・エネルギー・ビークル

　これまで5回開催してきた「全国高専3次元ディジタル設計造形コンテスト」、通称CADコンを、今年の米子大会から、デザコンと同一日開催することになりました。
　課題は、おもりの位置エネルギーを動力に変換することによって走行するポテンシャル・エネルギー・ビークル（自動車）。3次元CADを使って、モデリングと解析を行ない、それを3Dプリンターで造形したビークル（模型自動車）によって競技を行ないます。要項に応じたビークルを作製し、設定されたコースで、その性能を競うとともに、設計のコンセプトやCAE解析に関するプレゼンテーションを通して設計技術力を競います。
　3Dプリンター未所有の高専でも、担当校で造形して参加することができます（材料費は国立高専の場合無料、公・私立高専の場合実費負担）。また、CAE解析ソフトを所有していない高専には「Solid Works」期間限定ライセンスの貸与を受けることができます。

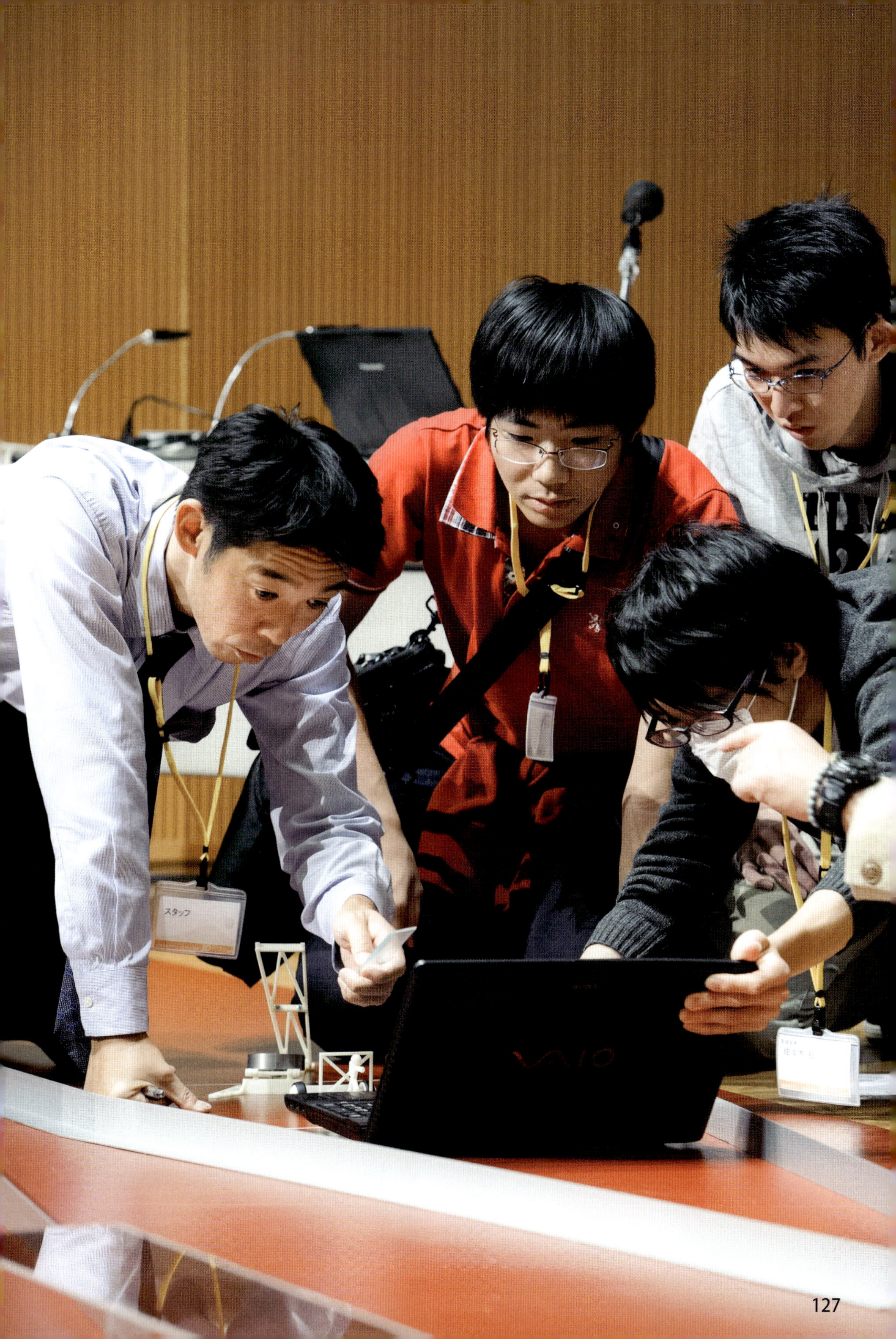
スタッフ
VAIO

本選

課題テーマ＝「ポテンシャル・エネルギー・ビークル」
審査委員＝岸浪 建史［委員長］、柳 和久、鈴木 新一
応募条件＝5人以内のチームによるもの（競技時の登壇者は4人以内）。各校1チームまで。
応募数＝19作品（71人、19高専）
応募期間＝
質疑期間：2013年4月8日（月）～5月7日（火）
質疑回答：2013年5月下旬より順次ホームページにて公表
エントリーシート提出期間：2013年8月5日（月）～9日（金）
作品紹介提出期間：2013年9月30日（月）～10月4日（金）
事前提出物＝
エントリーシート（学校名、チームメンバー氏名、指導教員氏名、連絡先、3Dプリンターの有無、試作希望の有無）、作品紹介

本選審査
日時＝2013年11月9日（土）～10日（日）
会場＝米子コンベンションセンター BiG SHiP 小ホール

本選提出物＝
ポスター：①高専名、②メンバー（学科・学年，役割分担）、③設計コンセプト、④CAE解析、その他は自由（A1判1枚）
スライド：走行競技セッティング時に表示用（PowerPointまたはPDFファイル、2枚）
模型自動車作品：指定の仕様通りのもの（134ページ参照）

審査過程＝
日時：2013年11月9日（土）
1　仕様確認　13：00～14：00
2　プレゼンテーション　14：00～17：00
日時：2013年11月10日（日）
3　最終仕様確認　8：30～9：30
4　競技＝走行競技　9：30～14：30
5　審査会

>>本選概要　OUTLINE

2年目の成果で、多数が完走

2年目はブラッシュアップされたアイデアで勝負

　3次元ディジタル設計造形コンテスト（以下、CADコン）では、独創的なアイデアをもとに3D-CAD（3Dimentional Computer Aided Design）を用いて、要求された機能を実現するデジタルモデルを生成し、そのモデルが要求機能を満たしているかどうかをCAE（Computer Aided Engineering）で検証し、必要な修正を繰り返しながらデジタルモデルを完成させる。このデジタルモデルをもとに3Dプリンターで物理的な模型を製作。その機能を、競技によって検証する。この過程を通して、学生のエンジニアリング・デザイン能力の向上をめざしている。

　そのため、CADコンでは1年目は自由なアイデアの発想をめざし、2年目はブラッシュアップされたアイデアによる製品の製作を目的として、2年ごとに同一の課題にしている。本年度の課題「ポテンシャル・エネルギービークル」は2012年度に引き続き、同一課題での2回目となる。2012年度は、振り子型分離部をもつビークル（模型自動車）やおもり衝突型のビークルが多かった。しかし、参加21チーム中3チームしかトンネルをクリアすることができなかった。

理論通りになるとは限らない走行競技

　大会初日の9日、ビークル（模型自動車）の仕様確認を終えて、会場前のホワイエに衝立とテーブルが並び、各校の応募ポスターの前に、ビークルが展示された。ビークルたちは、ここで、プレゼンテーションの出番を待つ。

　プレゼンテーションでは、くじ引きで決まった順序で、各チームごとに数人がステージに上がる。学生たちはアニメーションや実写映像をスクリーンに映しながら、設計コンセプトやCAE解析結果をはじめ、位置エネルギーから動力への変換方法、スタート方法、分離部の分離方法など、自作ビークルの仕組みについて説明した。審査委員をはじめ観客席からも、鋭い質問が飛び、学生たちが答えに窮する場面もあった。

　10日は走行競技。当日、会場の前方にあるステージの上に、規定の走行コースが設営された。

　競技は、2チームずつのレース形式で、走行レーンを入れ替えて2回連続して行なう。レース記録の平均が競技記録だ。走行コースの中央には幅の狭くなったトンネルがあるため、スタートする向きが傾いていると、ここで側壁にぶつかって、ビークルは停まってしまうことになる。セッティング時間と1回のレースの制限時間はそれぞれ60秒。その短い時間内にビークルを万全のコンディションで走らせなければならない。緊張の一瞬だ。

　まずは、予選。19作品が2チームずつ走行競技に臨んだ。出場チーム数が奇数であったため、最後の1チームは、単独で走行した。セッティングがうまくいかずスタートが遅れる作品、プレゼンテーション動画では走っていたのに、上手に前に進まない作品、1回目は失敗したものの2回目は完走する作品など、実戦ならではのさまざまな条件に左右され、明暗が分かれた。

　全チームの予選レースが終わると、休憩時間をはさんで、予選記録の上位8チームによる最終レースが行なわれた。精鋭のビークルたちは、応援する学生や観覧者の期待に応えるように、ゴールラインを通過していった。

昨年の大賞のアイデア改良型で勝利

　本年度は、2012年の反省をもとに改良された成果が現れ、10チームがトンネルをクリアし、5チームがゴールまで完走。タイム勝負の競技となった。

　参加したビークルは、昨年度CADコン大賞を受賞した押出し式（尺取り虫型）分離部をもつビークルのアイデアをもとに、より安定性のあるものに改良したチームが多かった。

　なかでも、CADコン大賞を受賞した茨城高専のビークルは、尺取り虫型のアイデアをより確実性のあるものにするために、解析と実験を繰り返して製作された完成度の高いもので、すべてのレースで完走した。一方、呉高専は鋼球を使用する昨年からの自分たちのアイデアにこだわり、そのアイデアをブラッシュアップし、洗練されたデザインのビークルを製作した。また、熊本高専（八代）は、全く新しいアイデアを提案。それを見事に具現化したビークルは最速タイムでゴールを駆け抜けた。その他、デザインにこだわったビークルも多数みられた。

　学生諸君には今後も限られた寸法、体積のなかで、いかにして要求された項目を実現するか、さまざまなアイデアを創出し、具現化していってもらいたい。

（西村 太志・徳山高専）

CAD

デザコン 2013 in YONAGO

審査委員長講評
記号の世界で、
ものづくりを体験

岸浪 建史
審査委員長

　本年度は、昨年2012年度と同じ「ポテンシャル・エネルギー・ビークル」をテーマに全国から19校が参加しました。

　所定のポテンシャル・エネルギーを運動エネルギーに変換し、障害物を回避しながら走行距離を争うエネルギー変換機構を備えたビークルのCAD設計とCAE解析、そして3Dプリンターによる物理的模型の製作と模型による機能を争う課題です。

　応募作品は、いずれも高専の学生らしい創意工夫が随所にみられました。提案されたビークルには、2012年度にCADコン大賞を受賞した押出し式（尺取り虫型）をより安定性のあるものに改良したタイプが目立ちました。

　なかでも、CADコン大賞に輝いた茨城高専のビークルは解析と実験を繰り返して設計製作された完成度の高いもので、すべてのレースで完走を果たしました。また、たくさんの鋼球をビークルの後ろに吐き出すことによって、鋼球のポテンシャル・エネルギーを前に進むための推進力に変換する呉高専の提案は、高専の学生らしい独創的アイデアと言えるでしょう。さらに、デザインにこだわったビークル、これまでになかった新しいアイデアを具現化し、見事に今大会の最速タイムでゴールを駆け抜けたビークルなど、全国高専3次元ディジタル設計造形コンテストにふさわしい成果を上げたと思います。

　来年も新たな課題に対して、多くのアイデアが提案されることを期待しています。

CAD

132 | デザコン 2013 in YONAGO

>> 審査委員　JURY

審査委員長
岸浪 建史
(きしなみ　たけし)

室蘭工業大学監事

審査委員
柳 和久
(やなぎ　かずひさ)

長岡技術科学大学教授

審査委員
鈴木 新一
(すずき　しんいち)

豊橋技術科学大学教授

1944 年　北海道生まれ
1966 年　北海道大学工学部精密工学科卒業
1971 年　北海道大学大学院工学研究科精密工学専攻博士課程修了、工学博士取得
　　　　北海道大学工学部精密工学科　講師
1972 年　同　助教授
1987 年　同　教授
2003-04 年　同学大学院　工学研究科長、工学部長
2004-07 年　同学大学院　理事、副学長
2005-11 年　内閣府日本学術会議　会員（任期 6 年）
2007 年　国立高等専門学校機構　釧路工業高等専門学校　校長
2010 年　国立高等専門学校機構　理事
2011 年 -　内閣府日本学術会議　連携会員（任期 6 年）
2012 年 -　室蘭工業大学　監事

■主な共編著書
『積層造形システム──三次元コピー技術の新展開』（共著、1996 年、工業調査会）、『Rapid Product Development』（共編著、2000 年、Chapman & Hall）、『CAD データ標準化への取組み』（2003 年、『日本機械学会』誌 p106・pp41-45）など

■主な受賞
精密工学会賞（1987 年）、精密工学会 論文賞（1989 年）、精密工学会 高城賞（1990 年）、型技術協会技術賞（1993 年）、日本機械学会 FA 部門功績賞（1996 年）、精密工学会 沼田記念論文賞（1997 年）、精密工学会賞（1999 年）など

1950 年　新潟県生まれ
1973 年　東京工業大学工学部生産機械工学科卒業
1976 年　同学大学院工学研究科生産機械工学専攻修士課程修了
　　　　同学工学部生産機械工学科　助手
　　　　精密工学会　正会員
1982 年　長岡技術科学大学工作センター　講師
1985 年　長岡技術科学大学機械系　助教授
1995 年　同　教授
1999 年 -　三豊科学技術振興協会　評議員
2000 年 -　ISO/TC213　エキスパート
2001 年 -　JIS　原案作成委員
2005 年 -　NPO 長岡産業活性化協会　副会長

■主な受賞
精密工学会 高城賞（2002 年）、精密工学会北陸信越支部 技術賞（2003 年）、日本工学教育協会 業績賞（2006 年）、新潟日報 文化賞（2006 年）、トライボロジーオンライン論文賞（2008 年）、精密工学会論文賞（2014 年）など

1980 年　東京大学大学院工学系研究科航空学専攻博士課程修了、工学博士取得
1980 年　豊橋技術科学大学機械工学系　助手
1990 年　同　講師
1992 年　同　助教授
1998 年　カリフォルニア工科大学　客員研究員
2009 年　豊橋技術科学大学機械工学系　教授

■主な共著書
『フォトメカニックス』（共著、1997 年、山海堂）、『よくわかる実験技術・学術用語』（共著、2009 年、2011 年、日本実験力学会）など

■主な受賞
NHK ロボットコンテスト大学部門 優勝（1994 年、1995 年、1998 年、2003 年、2008 年、2009 年）、ABU アジア太平洋ロボットコンテスト 3 位入賞（2003 年、2008 年、2009 年）、日本実験力学会　技術賞（2005 年）、高速度撮影とフォトニクス 2007 High-Speed Imaging Award（2007 年）、日本機械学会賞（論文、2009 年）など

CAD

>>応募要項　APPLICATION

3次元ディジタル設計造形コンテスト応募要項と競技内容（要約）

課題：ポテンシャル・エネルギー・ビークル

　本概要は、2013年度3次元ディジタル設計造形コンテストの応募要項を抜粋、編集したものである。詳細については実施要項（http://デザコン.com/docs.php?n=bumon5_youkou.pdf）を確認されたい。

1　概要
　おもりの位置エネルギーを動力に変換することによって走行する模型自動車を作製し、設定されたコースを完走する速さ、または走行距離によって、その性能を競う。同時に、設計のコンセプトやCAE（Computer Aided Engineering）解析に関するプレゼンテーションを通して設計技術力を競う。
＊おもり：位置エネルギーを与えるために使用する物体。エネルギーは0.3Jとする。
＊走行するビークル（模型自動車）は、エネルギー変換機構と一体にしても、切り離しても、分離しても、別にしてもよい。おもりとビークルは区別される。

2　競技
①エネルギー源
＊スタート時にはおもり以外がエネルギーを持ってはいけない。たとえば、ビークルが位置エネルギーを持つ、ばねやゴムなどの動力を持つなど。
＊レースのスタート合図で、チームメンバーが規定の位置エネルギーを出場作品に与える。規定時間内に速やかに、静かに行なう。規定外の位置エネルギーや運動エネルギー等を追加してはならない。
＊全エネルギーをビークルに貯えてから走行を開始するか、位置エネルギーを少しずつ変換しながら走行するかは問わない。

②走行コース
＊走行コースは全長5mの直線。同等な2本のレーンで構成される。ビークルは定められたレーン内を走行しなければならない。
＊コースには設計上の斜面を設けない。コース設営時と走行競技開始時において、可能な限り平面になるように努める。
＊ビークルがレーン内を走行するように、レーン両側面に高さ40mmの壁を設ける。
＊図1に示すように、レーンの幅（両側面の壁間距離）をスタートラインからの距離に応じて変化させる。
＊スタートラインから距離1.5mの位置から、長さ1.0mのトンネルを設ける。トンネル断面の内寸法を図2に示す。トンネル断面の内寸法はトンネル全長を通じて変化しない。
＊トンネル出口から距離0.5mの位置に、高さ2mm、幅10mmの障害物（アルミ板）をレーン幅300mmにわたり設ける。
＊路面材には「ロンシール工業　シックハウス対策床材　ロンリウムプレーン　ノンシックリウムタイプ」を使用。つなぎ目は表面をつや消しビニールテープ（50mm幅）で貼り合わせる。

③採点方法
＊競技時間は、1回のレースにおける制限時間を60秒とする。
＊レースの記録は、ゴールタイムをx（秒）、走行距離をy（mm）とし、エネルギー変換に要した時間を含めた平均速度V（mm/秒）（$=y\div x$）をレース記録とする。
＊ここで、制限時間内にゴールできた場合の走行距離は、$y=5,000$mmとし、ゴールできなかった場合のタイムは、$x=60$秒とする。
＊走行は2回。レース記録の平均を小数点以下第2位を四捨五入した数字を競技記録とする。

④ビークルの仕様
＊ビークル寸法は、スタートラインからゴールラインまで、最大長さ160mm以上、最大幅100mm以上、路面からの最大高さ50mm以上であること。ただし、図2のトンネルを通過できるように考慮すること（図2参照）。
＊ビークルは、設置時には床に接していなければならない。
＊ビークルは、スタートゾーンを出てから走行終了まで、路面に接していなければならない。
＊ビークルは、走行中に変形してもよい。
＊分離部は、両側面壁や路面（走行レーンとスタートゾーン）に固定・接着してはならない。
＊ビークルと分離部について、使用できるABS樹脂（3Dプリンターで出力）の総体積は150cm^{3}以下であること。おもりや人形をABS樹脂で作製した場合は、それらの体積を総体積に含める。
＊ABS樹脂製の各部品の外形寸法は、幅100mm以下、奥行200mm以下、高さ200mm以下であること。

＊ビークルについて、ABS樹脂以外に使用できる材料は以下の物に限る。
> 輪ゴム：エネルギーを貯える目的での使用を認める。ただし、レース開始時点ではエネルギーを貯えていてはならない。使用できる輪ゴムの大きさ（規格）は、No.6、7、8、10、12、14、16、18とし、使用できる本数は計5本以内とする。
> たこ糸（綿糸）：おもりとビークルとを接続するための目的で使用を認める。使用できるたこ糸の太さは、1号（0.5～0.6mm）とし、使用できる長さは50cm以内とする。
> タイヤ：タイヤの素材は自由とする。タイヤとは、路面と接触する必要最小限の部分であり、ホイールに相当する部分はABS樹脂であること。路面との摩擦力を増加させる目的での使用に限定し、他の目的での使用を認めない。
> 車軸：素材、形、寸法（長さ・太さ）、重量などは自由とする。ただし、軸受など、車軸と一体となっていない部分はABS樹脂であること。車軸としての機能を含んでいる限りにおいて、他の機能を合わせもっていてもよい。摩擦低減のためのグリス等の車軸への塗布は認めない。
> 接着剤：部品を接合する目的での使用を認める。
> ボルト・ナット・ビス：部品を結合する目的での使用を認める。

＊分離部について、ABS樹脂以外に使用できる材料は以下の物に限る。
> 輪ゴム：エネルギーを貯える目的での使用を認める。ただし、レース開始時点ではエネルギーを貯えていてはならない。使用できる輪ゴムの大きさ（規格）は、No.6、7、8、10、12、14、16、18とし、使用できる本数は計5本以内とする。また、エネルギーを蓄える目的での使用とは別に、分離部のすべり止めのためにNo.10の輪ゴム5本以内の使用を認める。
> たこ糸（綿糸）：おもりを分離部と接続するための目的で使用を認める。使用できるたこ糸の太さは1号（0.5～0.6mm）とし、使用できる長さは50cm以内とする。
> 接着剤：部品を接合する目的での使用を認める。
> ボルト・ナット・ビス：部品を結合する目的での使用を認める。
＊人形の質量は4g以上であること。
＊人形をビークルに接着してはならない。また、ABS樹脂以外の素材で固定してはならない。ただし、何らかの方法で落車しないように工夫すること。

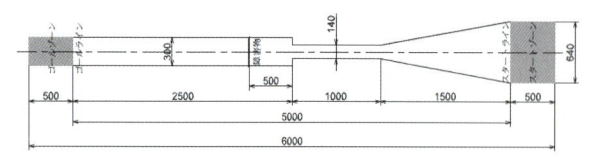

図1　レーン内寸法（単位：mm）
　　　（1%程度の誤差を許容するものとする）

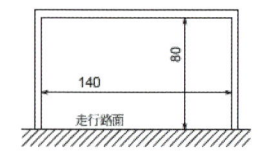

図2　トンネル断面の内寸法（単位：mm）
　　　（1%程度の誤差を許容するものとする）

3 審査方法
①配点
出場したビークルに対して、次の3項目について100点満点で審査を行なう。
1) 競技得点　60点
2) 審査委員評価点　30点
3) ポスター評価点　10点

②競技得点の計算方法
＊最終レースに出場したチームは出場できなかったチームよりも上位とする。
＊競技記録のよい順を競技順位とする。
＊競技記録が等しい場合は同位とする。
＊競技得点は以下の式により計算する。

$$競技得点 = 60\left(1 - \frac{競技順位 - 1}{全チーム数}\right)$$

③審査委員評価点
審査委員が、以下の点について、競技とプレゼンテーションを総合的に判断して評価する。
1) アイデアの独創性：エネルギー変換方法などに関するアイデアの技術的な面白さ、ユニークさ、チャレンジ性について。
2) CAE解析：解析の方法と解析結果の解釈・判断が適切か。解析結果を作品の改善・改良に役立てているか。
3) プレゼンテーション発表：内容の構成、わかりやすさ。画面や図面の見やすさ、声の大きさや抑揚、発表態度、マナーについて。
4) 実現性：設計の意図がエネルギー変換、エネルギー充填、走行の動作として実現できているか。
5) 製作技術：作品の製作精度、強度、耐久性などが適切か。スピードや直進性などにおいて、意図した走行が実現できているか。摩擦などのエネルギー損失に対する工夫があるか。
6) 快適性：人形にとって乗り心地のよいビークルか。

④ポスター評価点
出場チームの指導教員が、アイデア、製作技術等の独自評価により、自分の関係する高専を除いたチームのなかから3チームを選出する。評価点は以下の式により計算する。

$$ポスター評価点 = 10 \times \frac{投票数}{全チームの最高投票数}$$

>>総合順位　RANKING

作品番号	高専名（キャンパス）	作品名	競技評価[60点]	審査委員評価[30点]	ポスター評価[10点]	合計得点	総合順位
5	茨城	Push out Machine	60.00	23.25	0	83.25	1
19	鹿児島	チェストイケ	56.84	24.00	0.56	81.40	2
14	呉	F.O.D.	50.53	25.75	3.89	80.17	3
17	北九州	次世代ビークル：MONOWHEEL	53.68	21.00	3.33	78.02	4
2	釧路	ヘルフェニックス	47.37	22.75	1.11	71.23	5
6	群馬	突撃っ！ぐんまちゃん	44.21	20.75	3.33	68.29	6
18	熊本（八代）	アース・ウィンド・アンド・ファイアー	37.89	24.50	1.67	64.06	7
9	岐阜	RICKSHAW	41.05	21.25	0.56	62.86	8
15	徳山	DRooooP！	34.74	24.25	2.78	61.76	9
7	東京都立産業技術（品川）	グランパス	28.42	22.75	0	51.17	10
12	明石	瞬	31.58	19.00	0.56	51.13	11
16	新居浜	Bullet Car	25.26	18.50	0	43.76	12
3	旭川	Mou-Reoeu tour	18.95	19.50	2.22	40.67	13
13	神戸	The Air Plane ～50年の思いを込めて～	22.11	18.25	0	40.36	14
11	鈴鹿	鈴鹿高専	15.79	19.50	3.89	39.18	15
1	苫小牧	もめんたん	9.47	22.75	1.67	33.89	16
4	一関	I-PETS	6.32	21.50	4.44	32.26	17
8	福井	曲線番長	12.63	18.75	0	31.38	18
10	沼津	初雪ドリームス	3.16	19.00	0	22.16	19

>>受賞作品>>本選作品5　WORK 5

Push out Machine

茨城高専

佐々木 柾○／藤岡 雅弥／赤津 直樹
（機械システム工学科 5 年）

冨永 学（担当教員）

米子 2013
CADコン大賞
国立高専機構
理事長賞

Push out Machine
～車体との接地時間と効率を探究した発射台～

進め！ゴールへ！

CAD

CAE解析の結果

設計コンセプト
・始点と終点が分離部と接していて、発進時に分離する方法とは？

茨城工業高等専門学校5年
赤津　直樹
佐々木　柾
藤岡　雅弥

＊本選メンバー参加者氏名右上の○印は、チームリーダーを示す（以下、145ページまで同）
　凡例＝>>本選作品　作品番号

合計得点

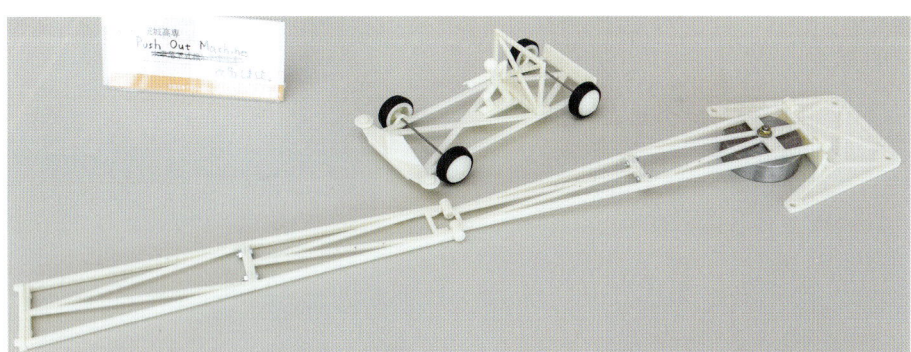

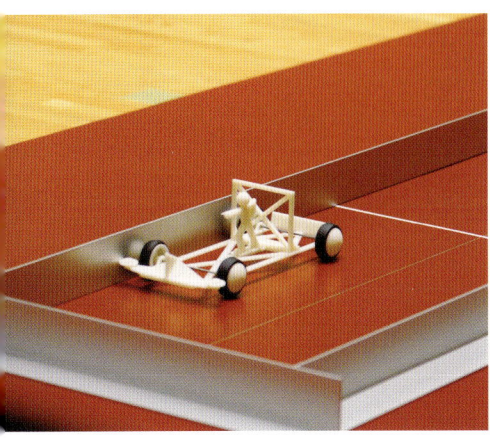

83.25

*合計得点は、競技、審査委員、ポスター各評価の合計点。100点満点（以下、145ページまで同）

CAD

>>受賞作品>>本選作品 19　WORK 19

チェストイケ

鹿児島高専
西迫 善希○／冨山 直人／東 郁哉（機械工学科 5 年）

椎 保幸（担当教員）

米子優秀賞2013

合計得点
81.40

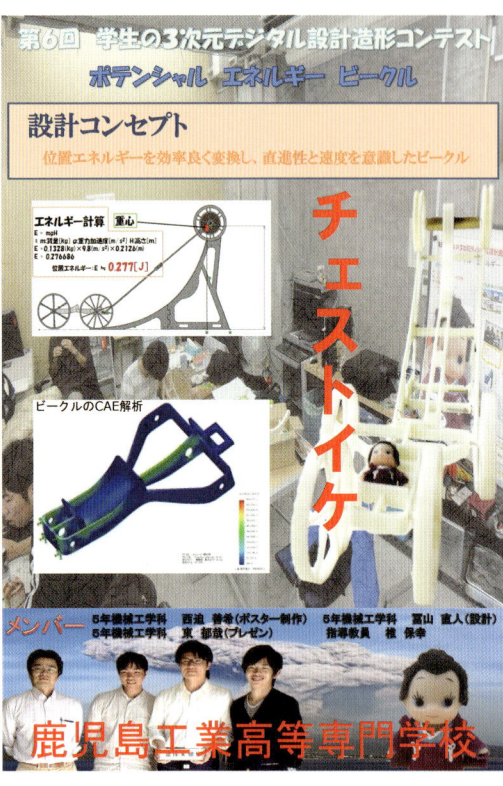

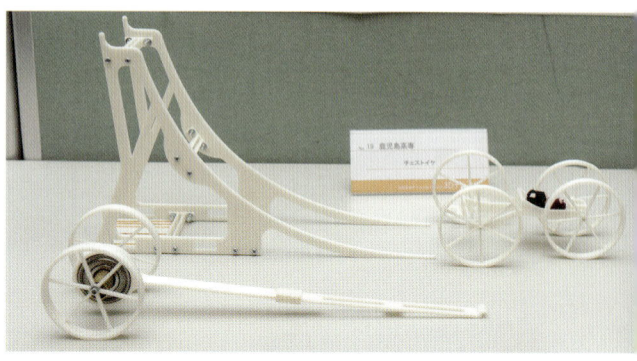

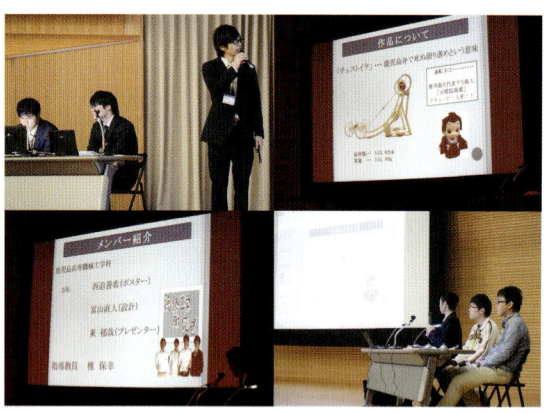

138 ｜ デザコン 2013 in YONAGO

>>受賞作品>>本選作品 14　WORK 14

F.O.D.

呉高専
田中 匠太郎°／林 信吾／船本 浩司／横部 健
（機械工学科 5 年）
上寺 哲也（担当教員）

米子優秀賞 2013

合計得点
80.17

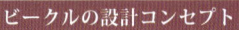

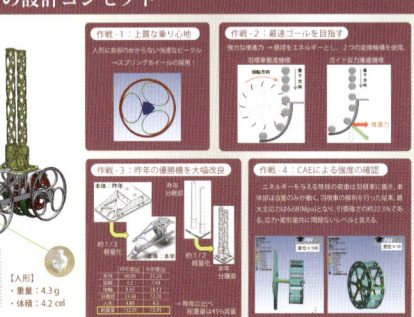

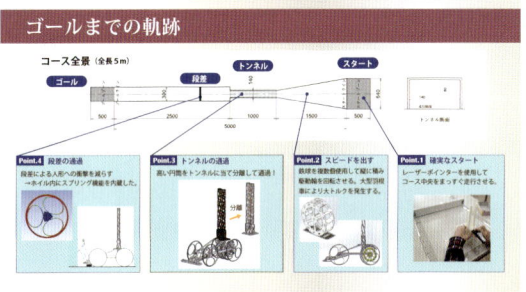

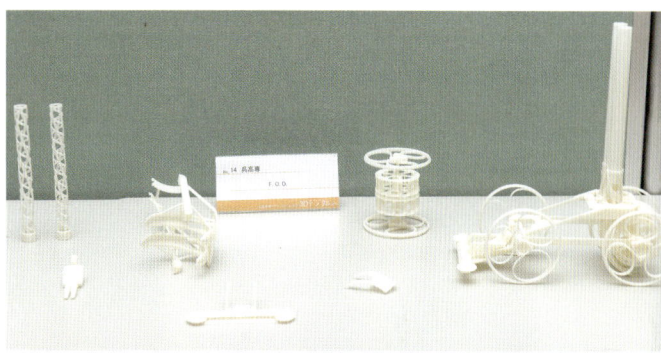

CAD

139

>>受賞作品>>本選作品 17　WORK 17

次世代ビークル：MONOWHEEL

米子審査委員特別賞 2013

合計得点
78.0

北九州高専

立元 陽祐○／片山 将／福田 拓生（生産工学専攻1年）／
上枝 健人／松﨑 瑞生（機械工学科5年）

滝本 隆（担当教員）

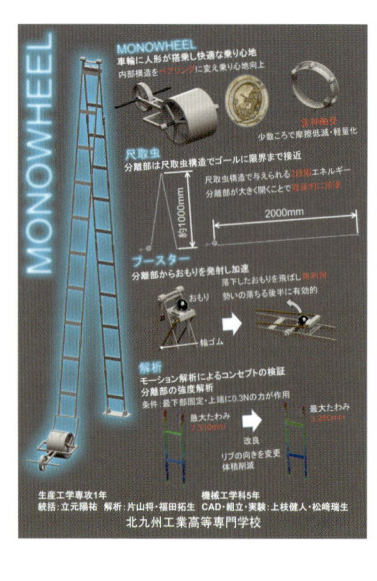

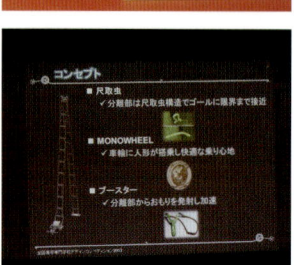

>>受賞作品本選作品 18　WORK 18

アース・ウィンド・アンド・ファイアー

米子審査委員特別賞 2013

合計得点
64.0

熊本高専（八代）

尾上 智／林田 典大○／益田 慧祐（機械電気工学科5年）／
濱崎 琢斗（機械知能システム工学科2年）

田中 裕一（担当教員）

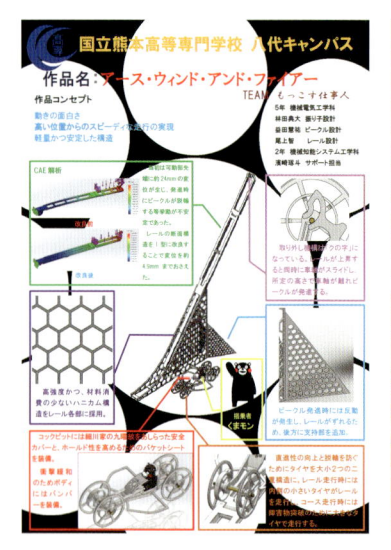

CAD

140 ｜ デザコン 2013 in YONAGO

>>上位作品>>本選作品2　WORK 2

ヘルフェニックス

合計得点 **71.23**

釧路高専
五日市 翔吾○／釜野 幹康／清水 勇次（機械工学科 5 年）

荒井 誠（担当教員）

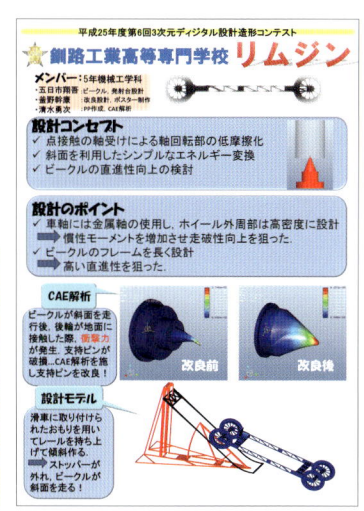

>>上位作品>>本選作品6　WORK 6

突撃っ！ぐんまちゃん

合計得点 **68.29**

群馬高専
柴田 一樹○／平田 光春／内藤 佑次（機械工学科 5 年）／
國司 佳織／吉田 夏美（機械工学科 4 年）

日下田 淳（担当教員）

>>上位作品>>本選作品9　WORK 9

RICKSHAW

合計得点 **62.86**

岐阜高専
北河 雅貴○／青山 哲明／篠田 宗祐／仲畑 圭悟（機械工学科 5 年）

山田 実（担当教員）

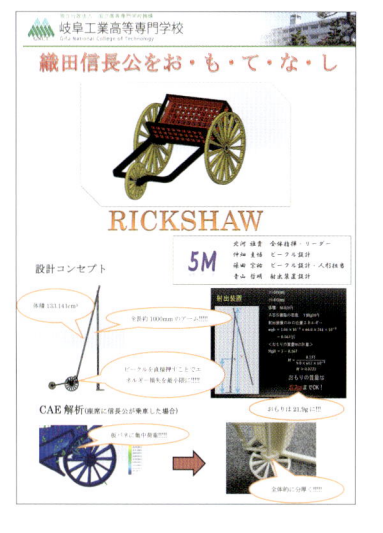

CAD

141

\>\>上位作品\>\>本選作品 15　WORK 15　　合計得点
61.76

DRooooP！

徳山高専

浴廣 義紀○／渡邉 一人（機械電気工学科 4 年）／
木村 槙之介（機械制御工学専攻 1 年）

張間 貴史（担当教員）

\>\>上位作品\>\>本選作品 7　WORK 7　　合計得点
51.17

グランパス

東京都立産業技術高専（品川）

髙橋 克征○／小美野 瞬／山岸 茅（ものづくり工学科生産システム工学コース 5 年）／和田 崇照（同 4 年）／渡部 雄輝（同 2 年）

三隅 雅彦（担当教員）

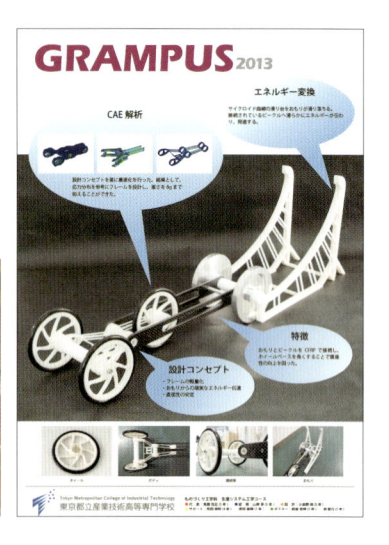

\>\>上位作品\>\>本選作品 12　WORK 12　　合計得点
51.13

瞬

明石高専

小谷 駿一○／福井 貴大／桂 大地／松井 優弥／
伴場 祥平（機械工学科 5 年）

森下 智博（担当教員）

CAD

142 ｜ デザコン 2013 in YONAGO

\>\>上位作品\>\>本選作品 16　WORK 16　　合計得点

43.76

Bullet Car

新居浜高専

菰田 健吾○／稲見 聡一郎／久保 聡志／大岡 秀幸
（機械工学科 5 年）

鎌田 慶宣（担当教員）

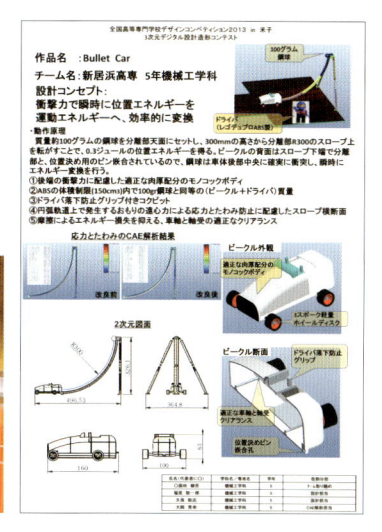

\>\>上位作品\>\>本選作品 3　WORK 3　　合計得点

40.67

Mou-Reoeu tour
（モ　レゥ　ツァー）

旭川高専

鈴木 章平○／星 尚弥（機械システム工学科 4 年）／
上掘 和真（機械システム工学科 3 年）

宇野 直嗣（担当教員）

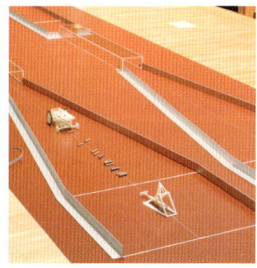

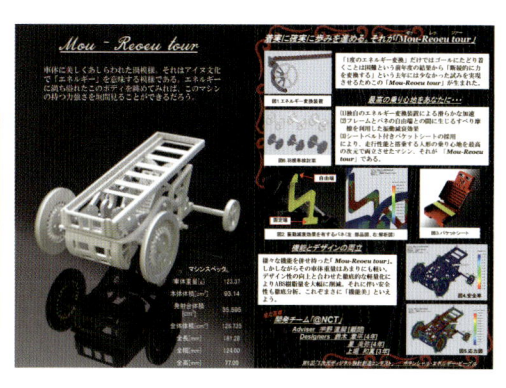

\>\>上位作品\>\>本選作品 13　WORK 13　　合計得点

40.36

The Air Plane
～ 50 年の思いを込めて～

神戸市立高専

浜村 和幸○／藤本 裕敬／村木 稜（機械工学科 4 年）

宮本 猛（担当教員）

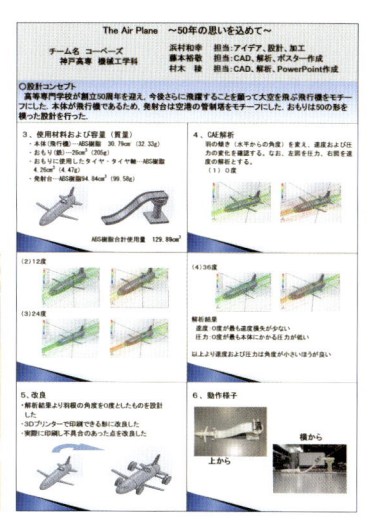

CAD

143

>>本選作品 11　WORK 11

合計得点
39.18

鈴鹿高専

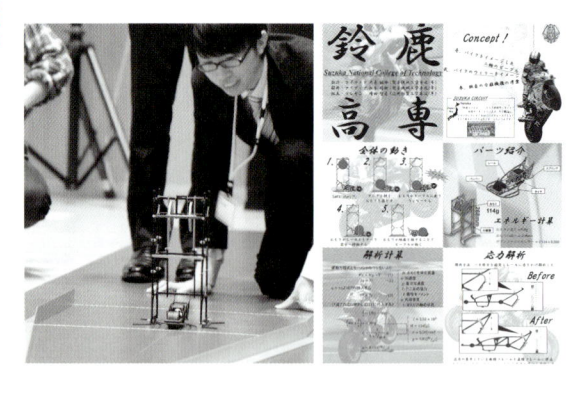

鈴鹿高専

大島 拓郎○／松本 将樹（電子機械工学専攻 1 年）／
増田 智香（応用物質工学専攻 1 年）

柴田 勝久（担当教員）

>>本選作品 1　WORK 1

合計得点
33.89

もめんたん

苫小牧高専

鈴木 赳生○／島根 機太郎／末部 勇登
（機械工学科 5 年）／
藪 静流／廣瀬 耕太郎（機械工学科 4 年）

浅野 政之（担当教員）

>>本選作品 4　WORK 4

合計得点
32.26

I-PETS

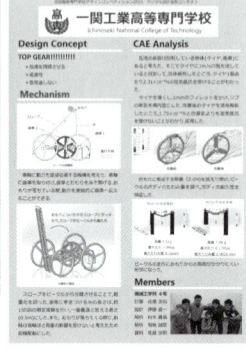

一関高専

伊藤 俊一／佐藤 沙耶／佐藤 友裕○／村木 貴哉／
菊地 誠耶（機械工学科 4 年）

原 圭祐（担当教員）

CAD

>>本選作品 8　WORK 8

曲線番長

福井高専

田邉 祐真○／木下 和貴
（環境都市工学科 5 年）

吉田 雅穂（担当教員）

合計得点
31.38

>>本選作品 10　WORK 10

初雪ドリームス

沼津高専

坪井 竜紀○／小畑 拓己／橋本 訓孝／
堀口 梨佳（機械工学科 5 年）

藤尾 三紀夫（担当教員）

合計得点
22.16

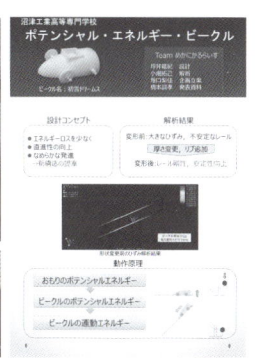

CAD

合同ディスカッション

空間デザイン部門×環境デザイン部門×創造デザイン部門

今回の米子大会ではじめて企画・開催された合同ディスカッションは、予選から本選まで、脇目も振らずに課題製作に没頭してきた3部門の学生たちの立ち会いの場所である。従来は、特別講演や基調講演などを開催していたが、参加学生の過酷な日程の中では、他の部門が何をしているかを窺(うかが)うことはできても、各部門の学生たちとともに考える余裕はない。それは審査委員も同様であり、「もっと学生に話をさせたい」と思いつつも受賞者を決めなければならない。そこで、「もっと学生に話をさせたい」「著名な審査委員にもっと自由に話をしてもらいたい」という要望に応えて、デザコンに参加した学生が「自分も参加したい」と思える企画として考案したものだ。「審査委員の話を学生は聞く」というこれまでの関係性を変え、審査委員と学生とが同じ目線で語り合うことで、各部門の専門性の境界や垣根を越えて、互いに議論できる場を設けたいとの思いが込められている。

合同ディスカッションでは、空間・環境・創造デザイン部門の各審査委員長と各最優秀賞受賞学生が登壇し、コーディネーターの司会で、各部門の審査について、さらに今後のデザコンについても議論を交わした。

最初に、各部門の審査委員長が課題について説明した後、各部門の最優秀賞受賞の学生が順に、自作についてプレゼンテーションを行なう。質疑応答を経て、出席者全員でのデザコンに関するフリートークとなった。フリートークでは、外部から高専をみた「今後のデザコン」に対する新鮮な意見が飛び交うなど、両者の話し合いは、お互いが「気づき合う」、示唆に富む内容であった。

日時＝2013年11月10日［日］14:00～15:30
会場＝米子コンベンションセンター BiG SHiP 国際会議場
テーマ＝3部門間の交流。各部門の課題設定の趣旨や審査状況についての情報交換。今後の全国高専デザコンのあり方についての意見交換。

参加者＝

空間デザイン部門
審査委員：貝島 桃代［委員長］、山代 悟
最優秀賞受賞者：木戸口 美幸（5年）、長江 晟那（5年）、田村 奈巳（4年）［石川高専　建築学科］

環境デザイン部門
審査委員：山崎 亮［委員長］
最優秀賞受賞者：福崎 圭都、若原 衣里（釧路高専　建築学科4年）、永井 萌／濱本 眞子（米子高専　建築学科5年）／高橋 怜亜（サレジオ高専　デザイン学科3年）［釧路・サレジオ・米子高専混合チーム］

創造デザイン部門
審査委員：ムラタ チアキ［委員長］
最優秀賞受賞者：梅宮 良輔、在間 夢乃、青木 翔汰、後藤 裕也、武政 遼平［明石高専　建築学科5年］

コーディネータ
司会：熊谷 昌彦［米子高専］

＊文中や表中で記載している「高専」は、工業高等専門学校および高等専門学校の略称
＊掲載した文章は、会場での発言の一部をまとめたもの

熊谷（司会）：全国高等専門学校デザインコンペティション（以下、デザコン）は、1977年に開かれた明石高専と米子高専の交流会に端を発します。その交流会が1999〜2003年には、4高専（明石高専、米子高専、呉高専、石川高専）の交流の場としての「建築シンポジウム」となり、2004年に土木系の学科も一緒になって、全国の高専の参加する第1回デザコンが開催されました。

しかし、デザコンとなってからは、交流の場というより、高専同士が成果を競う場としての意味合いが強くなってしまいました。そこで、10年目を迎える今大会のテーマは「かえる」です。これは原点に「かえる」ことを意図しています。

今回は特に、高専間の学生交流を意識して企画しました。空間デザイン部門は従来の設計コンペ方式で、高専相互が競い合う場ですが、環境デザイン部門（高専学生混合）と創造デザイン部門（児童対象）は、ワークショップ方式に変更しました。同様に、今年はじめて、3部門合同で意見を交換できるこのような場を設けました。

それでは、各部門の課題設定の趣旨や審査状況を報告し合うとともに、今後のデザコンのあり方についての意見もお聞きしたいと思います。

問題提起

貝島（空間）：私の研究室にも高専出身者がいますが、デザコンは高専学生の資質をみられる良い機会となりました。彼らのすばらしい点は、建築の形を技術的に理解して物の形をとらえる能力が高く、実際の空間を図面化できることだと思いました。

今回は「未来の町家商店街」を課題としました。町家は日本全国にあり、私自身も茨城県や岐阜県などにある町家を見るのが好きです。町家は、その地域の生活の営みを表現しています。構造、環境、都市計画など、地域の生活のあらゆる状況が集約されているのが町家の魅力です。そのような町家が現在、存続の危機にさらされています。建築デザインでこの危機を救うことができるか、すなわち「町家の持続可能性」が今回のテーマです。高専は日本全国、特に地方都市にあります。学生たちが、日常生活のすぐそばにある町家に目を向け、課題に取り組み、議論できる場を創出することを期待しました。

山崎（環境）：忙しいなか、審査を引き受けたのは、皆生（かいけ）温泉の再生がテーマだったからです。温泉はあるが町は活性化しない。これは、日本全国の観光地に共通の課題です。今回のイベントが、皆生温泉の人々と一緒に、問題解決に向けて進むきっかけになると感じました。

コミュニティデザインとは、住んでいる人や働いている人とともに地域の課題を解決することを志向しています。今回のワークショップでは、人の交流という面を重視した手法を試みました。全国の高専学生を学校を問わずごちゃまぜにして新たなチームを編成。学生たちは、学校混成チームで議論し、2泊3日の限られた時間で提案を作成し、プレゼンテーション（以下、プレゼン）する。

もちろん、互いによく知る各高専ごとのチームで、学生がじっくり考えて質の高い提案を示すことにも価値はあります。しかし、即興で知り合った人々が一緒になって、ともに、はじめてその地域と出合い、データや街歩きを通して地域の特性を読み取り、町が良くなるきっかけになる提案を作成することには、また別の意味があると思います。

ムラタ（創造）：課題は、エンジニアリング・デザインを学ぶための「デザイン」を考えることでした。大学で学生に課題を出したとき、似通った提案が多かったという経験があります。そこで、幼い子供のうちに、アイデアの引き出しを増やす訓練をさせるべきだと痛感しました。小学校のカリキュラムには、国語、算数、理科、社会など「スキル」を磨く課目はそろっています。しかし、物事を観察して何かを発見し、そこから問題を抽出し、問題を解決するためのプロジェクトを考え、解決策を提案し、実行する、という一連のサイクルを伴う「デザイン」を学べる課目がありません。このようなトレーニングは、小学生の段階から必要だと思います。

最優秀賞受賞学生の取組み
——各部門の受賞者がそれぞれのプレゼンを再現した

熊谷：受賞者のみなさんに、今回の課題製作のポイ

ント、苦労した点をお聞きします。

空間デザイン部門　石川高専：大変だったのは、何といっても縮尺1/50の模型作りでした。また、審査委員に指摘されて気づかされた点があります。たとえば、道路幅と窓との関係や建物の色についてなどです。

環境デザイン部門　釧路・米子・サレジオ高専：私たちは、いつもハードを作る作業をしているので、ソフトの提案を求める今回のテーマは難しかったです。今回参加して、環境デザインとは何なのかがわかったような気がします。私たちの提案の良かったところを教えてください。

山崎：良かったのは、明るくて素直な点です。指導協力スタッフの意見を柔軟に取り入れて、新しい提案をつくり出そうとする点です。

　今までに出会ったことのない課題に出くわした場合、自分が今までに学んできた知識を一旦、脇に置いて、新しい知識を貪欲に吸収しようとする姿勢が大切です。

　また、チーム内で意見が合わない場合にも、終始明るく接し合い、話し合いがプラスの方向に転じるような明るさがあったところも良かった。

　従来、環境デザインはハードが中心ですが、今後はソフトが重要になります。ソフトの部分でデザイナーが入って、持続可能な提案をし、それを実行できる専門家が生まれることが大切です。地域やふるさとを元気にする職能が期待されています。

創造デザイン部門　明石高専：子供にとって何が楽しいのか？　これに苦労しました。アイデアが決まったあとの手順はスムーズでしたが、アイデアを決める方法の検討段階や決定段階が大変でした。

　アイデアは、何気ない日常会話から生まれる場合と、じっくりワークショップをしてから生まれる場合があります。この割合はどのくらいなのでしょうか。

ムラタ：無から有を生み出すタイミングですね。まず、出されたテーマの言葉の背後にある意味をじっくり考えてほしい。テーマには社会的背景や課題が詰まっているからです。さらに、テーマについてみなさんで話し合うなかで、ジャンプしたアイデアが出てくると思います。

　これらアイデアを生む2つの方法は、どちらかにのみ偏っているのではなく、連続的に出てくることもあると思います。

山崎：聞き手に伝わるプレゼンでした。提案内容も興味深いので『まちカードばとる！！』の利用方法についてもう少し説明してください。子供たちがポンポンと出したカードを見て問題点のアイデアを出す、ということですね。

創造デザイン部門　明石高専：カードには、場所・場面カードと、2種類のアイテムのカードがあり、最高3種類のカードを組み合わせることを期待しています。ゲームは、2種類でも3種類でもよいので、カードを子供たちが選んで、問題点を見つけられると得点になります。いろいろなカードの組合せに応じて、追加のポイントをゲットできる仕組みです。

空間部門　審査総評と学生への期待

貝島：どれもすばらしくて甲乙つけがたい、というのが審査委員全体の意見です。いずれも地域の問題をしっかりととらえた提案で、審査は難しかったです。

中谷審査委員から、「未来の町家商店街」というコンペではなくて、「大町家会議」といった意見交換や議論を戦わせる場とするのが望ましい、という意見がありました。町家の問題は、短期的、中期的そして長期的と、問題のとらえ方によって適切な解決策が変わります。つまり、時間的概念と解決策には関係性があるのです。

　最優秀作品は、長期的な問題を見据えて現代の課題をとらえている点がよかったと思います。そして、町家の持続可能性の延長線上に、町全体の活性化が連なっていることも期待できました。

　入賞しなかった提案には、着眼点はよいのですが、検討の時間が足りなかったというものもみられました。学生のみなさんには、デザコンが提案の発表で終わるのではなく、さらに提案を改善していくプロセスの一部と考えてもらえるとよいと思いました。

──山代審査委員が客席から参加

山代（空間）：空間デザイン部門の応募作品は、各高専学生が数カ月かかって作成してきた提案です。事前の予選審査の通過者は、その後さらにブラッシュアップした提案で本選のプレゼンに臨んでいます。

　プレゼンでは、自分たちの提案の良いところが何かを考え、ビデオ、演劇などのあらゆる表現手段を使って、案の良さを伝えることが大切です。つまり、伝え方に集中して、プレゼン能力を高めることが求められます。

デザコンの今後の方向

山代：デザコンは、学生の作品づくりに必要な筋力を、さらに増強するための場であるともいえます。空間デザインの訓練には、持続力の必要なトレーニングと瞬発力を必要とするトレーニングの2種類があります。今後のデザコンが、この2種類のデザイン訓練の場として機能してくれることを望んでいます。

貝島：現在は、3部門が別々の基準で提案を作成し、審査していますが、3部門が互いに批評し合ったり、協力したりする場があってもよい。そして、学生が各部門内に閉じこもらずに、いろいろな体験をできると良いと思います。

　建築設計は、問題点を突き詰めていくに従って、さらに深い問題が引き出され、それを設計にフィードバックすると、ますます面白い建築になっていきます。これが魅力です。デザコンも今回は2日間でしたが、もっと長くてもいいのではないでしょうか？議論してから、提案をつくり、また議論をする。これを繰り返す場になれば、よいのではないかと思います。

山崎：山代さんと貝島さんの意見に賛成。デザコンは、自分のいいところ、ウリは何なのかのプレゼンができる場であってほしい。自分の提案のポイントを絞って、それを確実に伝える訓練の場として機能してほしい。

ムラタ：子供とのワークショップは、子供がどのような動きをするのかを把握しがたい点が、他のワークショップとは異なります。子供とのコミュニケーションに動かされ、トラブルを乗り越えて、思う通りにならないところをどう切り抜けてコミュニケーションを取っていくかが問われています。広く、深くコミュニケーションを取り、縦割りだけでなく横割りのコミュニケーションの取り方も学べる複合的な場となることを期待しています。

付篇

特別講演会

構造デザイン部門

演題 「建築・構造を目指して50年」

講師　佐々木 睦朗
構造デザイン部門審査委員
法政大学教授、建築構造家

日時＝2013年11月10日（日）　14：00～15：30（13：30　受付・開場）
会場＝米子コンベンションセンター　多目的ホール
入場料＝無料
定員＝500人（当日先着順）
主旨＝佐々木 睦朗氏は、日本を代表する建築構造家。工学を背景にした力学的合理性と、造形美を対象とする感性の融合をめざして、主に形態抵抗型の空間構造を対象にした新しい構造デザイン（形態デザイン）の理論的、実践的研究をしている。本講演では、日本のみならず世界各地にある作品を通じて佐々木氏が実践してきたエンジニアデザインについての豊富な経験を紹介する。
講師プロフィール＝47ページ参照

授賞式

閉会式―表彰式

日時＝2013年11月10日（日）　15：45～16：45
会場＝米子コンベンションセンター　多目的ホール

表彰＝
［空間デザイン部門］
最優秀賞（日本建築家協会会長賞）：賞状＋盾＋副賞
石川高専　Over the Canal　路地と水路のある風景 - せせらぎ通り商店街 -
優秀賞：賞状と副賞
米子高専　蔵端コミュニティー
仙台高専（名取）　花火と生きるまち大曲
審査委員特別賞：賞状＋盾＋副賞
米子高専　Rentable=120%
熊本高専（八代）　引出町家

［構造デザイン部門］
最優秀賞（国土交通大臣賞）：賞状＋盾＋副賞
米子高専　火神岳の希
優秀賞：賞状＋盾＋副賞
米子高専　阿弥陀川乃水澄
小山高専　Reinforce Tristar
日刊建設工業新聞社賞：
仙台高専（名取）　上遠野流・手裏剣～よみ「がえる」～
審査委員特別賞：賞状＋盾＋副賞
舞鶴高専　橋たちぬ～耐えねば～
石川高専　りったいパズル

［環境デザイン部門］
最優秀賞（文部科学大臣賞）：賞状＋盾＋副賞
釧路高専＋米子高専＋サレジオ高専　日本一友だちの多い街 皆生！へ

3次元ディジタル設計造形コンテスト

演題 「自動車車体コンカレント設計における最先端シミュレーション技術の活用事例」

講師　松井　耕宏
ホンダエンジニアリング株式会社 車体塑型技術部 車体塑型技術 BL プレス Gr

日時＝2013年11月10日（日）　14：30～15：30
会場＝米子コンベンションセンター　小ホール
入場料＝無料
定員＝298人（当日先着順）
主旨＝ホンダエンジニアリングは、Hondaがめざす「カッコ良くて、すごく軽いクルマを、早く安く低炭素で実現する」ため、日々、生産技術の研究・開発に取り組んでいる。本講演では、最先端シミュレーション技術を活用し、新機種開発の期間短縮と、スタイリッシュデザインの具現化に貢献した事例を紹介。
事例1：過去機種データの流用による新機種開発
事例2：自動車プレスラインのバーチャル検討システム

講師プロフィール＝
（まつい　やすひろ）
1999年　名古屋大学理学部物理学科卒業
2001年　名古屋大学大学院理学研究科修士課程物質物理学専攻　修了
2001-07年　ソフトウェア開発会社　在籍
2007年 -　ホンダエンジニアリング株式会社　在籍

優秀賞：賞状＋盾＋副賞
阿南高専＋米子高専＋大阪府立大学高専　ボードウォーク
仙台高専（名取）＋明石高専＋有明高専　松葉ガニが結ぶ地域のつながり
審査委員特別賞：賞状＋盾＋副賞
阿南高専＋石川高専　Try!! Athlon!!　3つの競技で地域こうけん
釧路高専＋阿南高専　高齢促進街
阿南高専＋サレジオ高専＋明石高専　皆生とトモに

[創造デザイン部門]
最優秀賞（全国高等専門学校連合会会長賞）：賞状＋盾＋副賞
明石高専　まちカードばとる！！
優秀賞：賞状＋盾＋副賞
釧路高専　Made in earth!
米子高専　僕の私の秘密基地をつくっちゃおう！
審査委員特別賞：賞状＋盾＋副賞
呉高専　アーチボックス
サレジオ高専　かさでアート
舞鶴高専　目で見えるようで見えない木

[3次元ディジタル設計造形コンテスト]
CADコン大賞（国立高等専門学校機構理事長賞）：賞状＋盾＋副賞
茨城高専　Push out Machine
優秀賞：賞状＋盾＋副賞
鹿児島高専　チェストイケ
呉高専　F. O. D.
審査委員特別賞：賞状＋盾＋副賞
北九州高専　次世代ビークル：MONOWHEEL
熊本高専（八代）　アース・ウィンド・アンド・ファイアー

大会スケジュール

	環境デザイン部門	空間デザイン部門	創造デザイン部門	構造デザイン部門	全国高等専門学校3次元ディジタル設計造形コンテスト
11月8日(金) 13:00	米子駅集合 バスにて皆生へ				
14:00	主旨・課題説明 課題取組み開始 皆生温泉宿泊				

11月9日(土)

時刻	環境	空間	創造	構造	3次元
10:00	課題取組み	受付 [多目的ホールホワイエ]			
11:00		★開会式 [多目的ホール]			
12:00		オリエンテーション [国際会議室]	オリエンテーション [情報プラザ]	オリエンテーション [多目的ホール]	オリエンテーション [小ホール]
13:00			ワークショップ準備	仕様確認 [多目的ホールホワイエ] 展示 [多目的ホール]	仕様確認
14:00	中間発表会 アドバイス (16:00からを予定)	★ポスターセッション [国際会議室] 13:00-17:00	★ワークショップ [情報プラザ] 準備 13:00-13:30 A会場 13:30-17:00 B会場 13:40-17:10	★プレゼンテーション [多目的ホール] 15:00-17:00	★プレゼンテーション [小ホール] 14:00-17:00
15:00					
16:00					
17:00		審査会		仕様確認予備時間	
18:00	皆生温泉宿泊	★1次審査発表			

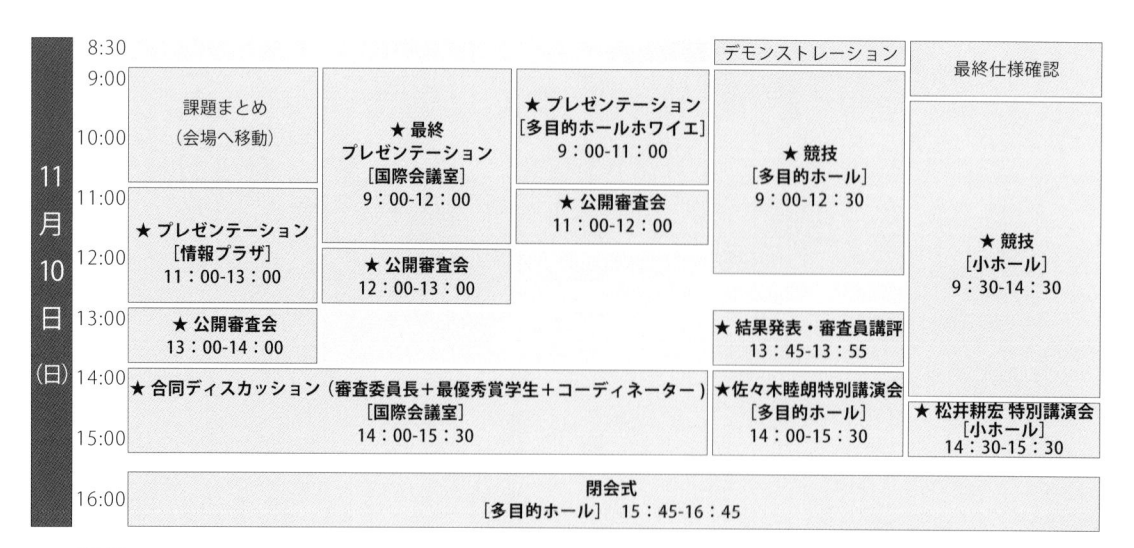

11月10日(日)

時刻	環境	空間	創造	構造	3次元
8:30				デモンストレーション	最終仕様確認
9:00	課題まとめ (会場へ移動)	★最終プレゼンテーション [国際会議室] 9:00-12:00	★プレゼンテーション [多目的ホールホワイエ] 9:00-11:00	★競技 [多目的ホール] 9:00-12:30	★競技 [小ホール] 9:30-14:30
10:00					
11:00	★プレゼンテーション [情報プラザ] 11:00-13:00		★公開審査会 11:00-12:00		
12:00		★公開審査会 12:00-13:00			
13:00	★公開審査会 13:00-14:00		★結果発表・審査員講評 13:45-13:55		
14:00	★合同ディスカッション(審査委員長+最優秀賞学生+コーディネーター) [国際会議室] 14:00-15:30		★佐々木睦朗特別講演会 [多目的ホール] 14:00-15:30	★松井耕宏 特別講演会 [小ホール] 14:30-15:30	
15:00					
16:00	閉会式 [多目的ホール] 15:45-16:45				

★印のイベントは，一般公開

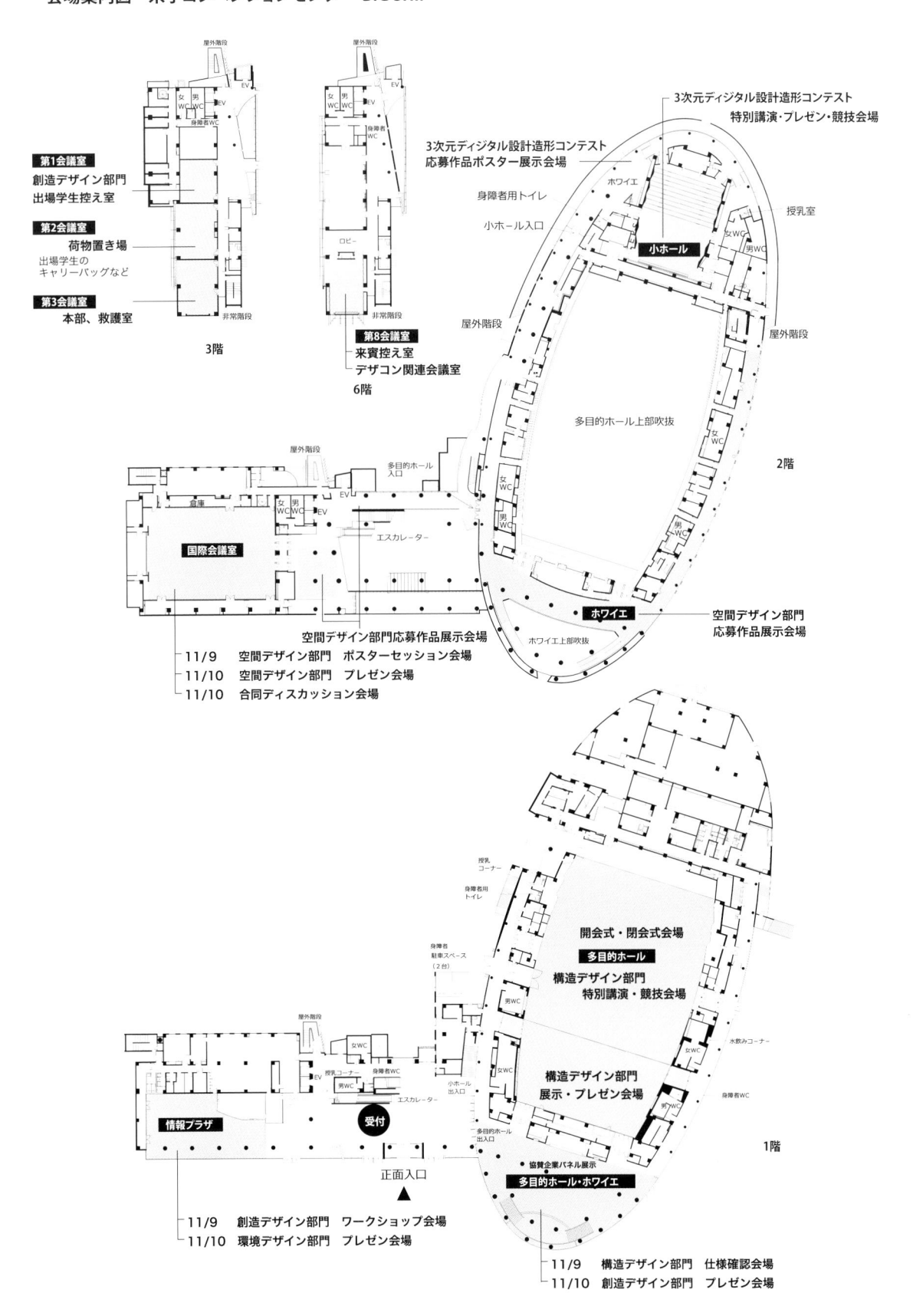

会場案内図　米子コンベンションセンター BiG SHiP

3階
- **第1会議室**：創造デザイン部門 出場学生控え室
- **第2会議室**：荷物置き場（出場学生のキャリーバッグなど）
- **第3会議室**：本部、救護室

6階
- **第8会議室**：来賓控え室、デザコン関連会議室

2階
- 3次元ディジタル設計造形コンテスト 特別講演・プレゼン・競技会場
- 3次元ディジタル設計造形コンテスト 応募作品ポスター展示会場
- 身障者用トイレ
- 小ホール入口
- 小ホール
- ホワイエ
- 授乳室
- 多目的ホール上部吹抜
- 屋外階段
- 国際会議室
- エスカレーター
- 空間デザイン部門応募作品展示会場
- ホワイエ上部吹抜
- ホワイエ：空間デザイン部門 応募作品展示会場
- 11/9　空間デザイン部門　ポスターセッション会場
- 11/10　空間デザイン部門　プレゼン会場
- 11/10　合同ディスカッション会場

1階
- 授乳コーナー
- 身障者用トイレ
- 多目的ホール：開会式・閉会式会場／構造デザイン部門 特別講演・競技会場
- 構造デザイン部門 展示・プレゼン会場
- 水飲みコーナー
- 身障者駐車スペース（2台）
- 情報プラザ
- 受付
- 正面入口
- 小ホール出入口
- 多目的ホール出入口
- 協賛企業パネル展示
- 多目的ホール・ホワイエ
- 11/9　創造デザイン部門　ワークショップ会場
- 11/10　環境デザイン部門　プレゼン会場
- 11/9　構造デザイン部門　仕様確認会場
- 11/10　創造デザイン部門　プレゼン会場

応募状況一覧

地域等	高専名（キャンパス）	学科等	空間デザイン 予選	空間デザイン 本選	構造デザイン	環境デザイン 予選	環境デザイン 本選	創造デザイン 予選	創造デザイン 本選	3次元ディジタル設計造形コンテスト
北海道	苫小牧高専	環境都市工学科			2					
		機械工学科								1
	釧路高専	建築学科	5	1	2	5	2	1	1	
		機械工学科								1
	旭川高専	電気情報工学科＋物質化学工学科＋生産システム工学専攻						1		
		機械工学科								1
東北	八戸高専	建設環境工学科			2					
	一関高専	機械工学科								1
	仙台高専（名取）	建築学科	1	1		1	1			
		建築学科＋建築デザイン学科	3							
		建築学科＋生産システムデザイン工学専攻	1							
		建築デザイン学科＋生産システムデザイン工学専攻			2					
		建築学科＋建築デザイン学科＋生産システムデザイン工学専攻	2	1						
	秋田高専	環境都市工学科＋物質工学科						1		
		環境都市工学科			1	1				
	福島高専	建設環境工学科			2	1				
関東信越	茨城高専	機械工学科								1
	小山高専	建築学科	9	2	2			1		
	群馬高専	環境都市工学科			2					
		機械工学科								1
	長岡高専	環境都市工学科	1		1					
		環境都市工学科＋電子制御工学科			1					
東海北陸	石川高専	建築学科	4	2		1	1	4		
	福井高専	環境都市工学科	2			1		1		1
		環境都市工学科＋機械工学科			2					
		環境都市工学科＋環境システム工学専攻				1				
	長野高専	環境都市工学科	1		2					
	岐阜高専	建設工学専攻			2					
		機械工学科								1
	沼津高専	機械工学科								1
	豊田高専	建築学科	4	1				13		
		建設工学専攻			1			1		
		建築学科＋建築工学専攻	1							
	鈴鹿高専	電子機械工学専攻＋応用物理工学専攻								1
近畿	舞鶴高専	建設システム工学科	2		2	2		1	1	
	明石高専	建築学科	34	1		4	1	3	1	
		都市システム工学科			1	1	1			
		建築学科＋都市システム工学科			1					
		機械工学科								1
	和歌山高専	環境都市工学科			2			1		

＊表中では工業高等専門学校および高等専門学校を「高専」と記載

地域等	高専名(キャンパス)	学科等	空間デザイン 予選	空間デザイン 本選	構造デザイン	環境デザイン 予選	環境デザイン 本選	創造デザイン 予選	創造デザイン 本選	3次元ディジタル設計造形コンテスト
中国	米子高専	建築学科	5	4	1	4	2	6	1	
		建築学専攻	3	2						
		建築学科＋機械工学科＋建築学専攻			1					
	松江高専	環境建設工学科＋電子制御工学科			1					
		環境建設工学科＋電子情報システム工学専攻＋生産建設システム工学専攻			1					
	津山高専	機械工学科			1					
	広島商船高専	電子制御工学科＋流通情報工学科						2		
	呉高専	建築学科	4	1		3		2	1	
		建築学科＋建設工学専攻			1					
		環境都市工学科			1					
		機械工学科								1
	徳山高専	土木建築工学科	1		2			1		
		機械電気工学科＋機械制御工学専攻								1
四国	阿南高専	建設システム工学科			2	9	4	2		
	香川高専(高松)	建設環境工学科			1					
		機械工学科			1					
	新居浜高専	機械工学科			2					1
	高知高専	環境都市デザイン工学科	1		1					
九州	有明高専	建築学科	3		1			3		
		建築学専攻				1	1			
	北九州高専	生産工学専攻＋機械工学科								1
	熊本高専(八代)	建築社会デザイン工学科	15	3	2			1		
		土木建築工学科	2							
		建築社会デザイン工学科＋土木建築工学科	1							
		機械電気工学科＋機械知能システム工学								1
	都城高専	建築学科			1	1				
		建築学科＋建築学専攻			1			1		
	鹿児島高専	都市環境デザイン工学科			1					
		機械工学科								1
公私立	東京都立産業技術高専(品川)	ものづくり工学科 電子情報工学コース＋生産システム工学コース						1		
		ものづくり工学科生産システム工学コース								1
	大阪府立大学高専	総合工学システム学科環境都市システムコース	6	1	2	3	1			
	神戸市立高専	都市工学科			1					
		都市工学専攻			1					
		機械工学科								1
	サレジオ高専	デザイン学科	4			3	1	4	1	
	金沢高専	機械工学科			1					
	近畿大学高専	総合システム工学科＋生産システム工学専攻			2					
合計		学校数	18	10	34	15	9	20	6	19
		作品数	115	20	61	42	15	51	6	19
		学校数合計	43							

155

デザコンとは?

学生同士が刺激を与え合う機会

　今回で10回目を迎える「全国高等専門学校デザインコンペティション」(通称：デザコン)は、全国の高等専門学校(以下、高専)で競われるロボコン(ロボットコンテスト)、プロコン(プログラムコンテスト)に続く、第3の競技大会です。

　デザコンの始まりは、1977(昭和52)年に明石高専と米子高専の建築学科で実施した研究交流シンポジウム「建築シンポジウム」です。その後、時とともに参加校を増やし、形態を変えながら発展してきました。

　2004(平成16)年から、主催は全国高等専門学校連合会となり、デザインの領域を「人が生きる生活環境を構成するための総合的技術」ととらえ直し、建築学科の枠を廃し高専全体が取り組む「全国高等専門学校デザインコンペティション」(以下、デザコン)に生まれ変わりました。

　デザコンには、土木建築系学科を中心に、全国の高専の全学科の学生が参加できます。

　生活環境に関連したさまざまな課題に取り組むことにより、よりよい生活空間について考えて提案する力が学生のなかに育成されます。また、各校で養い培われた学力やデザイン力をもとに作成した作品で競い合うことにより、普段の学習だけでは得られない、高いレベルの刺激を学生同士で与え合える貴重な機会となっています。

　さらに、デザコンを通して、開催された各地域でのものづくりや科学技術への関心を高め、高専の学生の高い技倆(ぎりょう)を通して、高専がめざす人材育成の成果を社会に示す貴重な機会ともなることを期待しています。

デザコンの歴史

「学生相互の研鑽」がデザコンの変わらぬ理念

　デザコンは、1977(昭和52)年に明石高専と米子高専の建築学科による交流会として始まった建築シンポジウムに端を発します。1989(平成元)年の第13回に呉高専が、1993(平成5)年の第17回に石川高専が加わり、「四高専建築シンポジウム」として開催されてきました。1993年頃から、学生が主体となって司会や運営を担当するようになり、共通のテーマのもとに発表や意見交換、各校の設計課題を中心に学生生活全般について発表する場となりました。

　この「四高専建築シンポジウム」が学生の創造的教育や交流の場として重要な意味をもつことが再認識され、1999(平成11)年には、全国の高専の建築系学生が参加できる「第1回全国高専建築シンポジウム」を開催。建築家の伊東豊雄を審査委員長に迎え、公開設計競技として米子高専の主催で行なわれました。以後、著名な実務者から直接指導を受けることで設計教育のさらなる醸成をめざし、小嶋一浩(石川大会)、内藤廣(明石大会)、村上徹(呉大会)、隈研吾(米子大会)を審査委員長に迎え、5回の全国高専建築シンポジウムが開催されました。

　2004(平成16)年からは、デザインの領域を「人が生きる生活環境を構成するための総合的技術」ととらえ直した第1回の「全国高等専門学校デザインコンペティション」(以下、デザコン)として、学科を問わず、より多くの学生が参加できるように、石川高専の主催により企画。31高専から613作品の応募があり、新たなスタートを切りました。

　その後デザコンは、明石、都城、徳山、高松、豊田、八戸、釧路、小山の各高専の主管のもと、全国を一巡しました。現在の4部門での運営は、徳山高専の主管で開催された第4回周南大会からです。「建築シンポジウム」の形式を踏襲していた「公開設計」(ワークショップ)は、設計部門からものづくりの部門へと移り、第6回豊田大会からは、すべての部門が競技形式に変わりました。

　また、2008(平成20)年から、高専の機械系学科を中心に「高専における設計教育高度化のための産学連携ワークショップ」として「全国高等専門学校3次元ディジタル設計造形コンテスト」(通称：CADコン　以下、CADコン)がスタート。2011年の釧路大会では、デザコンと同一日に開催しました。今回の米子大会からは、主催は別とするものの、CADコンをデザコンの1部門と同様に考え、共同で実施することとなりました(デザコンは一般社団法人全国高等専門学校連合会[*1]の主催、CADコンは独立行政法人国立高等専門学校機構[*2]の主催)。

　デザコンの理念は、これまでも、これからも、「学生相互の研鑽・相互理解」であることは間違いないありません。この原点に立ち返りつつ、新たなデザコンにかえるように取り組んでいきます。
(文中の人名は、敬称略)

註
*1　一般社団法人全国高等専門学校連合会：5ページ註4参照。
*2　独立行政法人国立高等専門学校機構：5ページ註3参照。

大会後記

学生たちのめざす目標となるような大会を

玉井 孝幸
全国高等専門学校デザインコンペティション 2013 in 米子開催地委員会 [*1]
実施統括責任者（米子高専）

　米子工業高等専門学校（以下、高専）がデザコンの主管校（デザコンを地元ブロックで開催する際に、主となって運営する学校）を務めることが決まるまでの経緯には、さまざまな偶然が重なった。

　2011（平成23）年3月11日（金）14時46分18秒に発生した東日本大震災の影響により、東北地区（ブロック）で開催予定だったプログラミングコンテストを、急きょ近畿地区の舞鶴高専が引き受けることとなった。そのため、近畿地区の主管校により開催することになっていた2013年度のデザコンを、中国地区の米子高専が主管校として開催することになったのだ。

　同時に、全国高等専門学校3次元ディジタル設計造形コンテスト（以下、CADコン）の同一日開催も引き受けることとなった。両大会の主催は別のため、検討した結果、従来の4部門にCADコンの1部門を加えた計5部門として運営することとなった。しかし、米子高専の建築学科の教職員はCADコンを見たことも参加したこともない。中国地区の徳山高専がCADコン部門長を引き受けてくれたことは心強く、ほっとしたことを覚えている。反面、引き受けた徳山高専の西村太志教授は大変だったと思う。

　一方、協賛企業を回っている時に、「高専ロボコンは知っている」「デザコンは知らない」との声が多く、改めて周知度が低いことを思い知らされた。そこで、2013年3月に株式会社建築資料研究社／日建学院へ協賛依頼に訪れた時に、代表取締役社長の馬場栄一様に失礼とは思ったものの「記録集を作ってほしい」とのお願いをした。それで生まれたのが、このオフィシャルブックである。本を1冊作るという途方もないお願いに対して、真摯に検討していただき、発行までに多くの困難を極め、大変なご苦労をかけた、同社の社員のみなさまに感謝の言葉を述べたい。

　私は、このオフィシャルブックが、全国の建築関連の書店に並ぶことを夢見ている。そして、多くの建築関係者が手に取り、高専におけるエンジニアリング・デザイン教育のすばらしさを知ることになるであろう、と。数年後には「ああデザコンね、知っているよ」と誰もに言ってもらえる大会になっていると信じている。それは、力と思いのこもった学生たちの作品が誌面いっぱいに表現された熱意あふれる記録集であり、そこには誇るべき高専力があふれているからである。

　最後に、このオフィシャルブックを見た高専の学生、これから入学を考えている中学生は、先輩たちの作品を見て、研究して、デザコンをめざしなさい。真正面から取り組めば必ず得るものがあり、参加者を決して裏切らない大会であるから。そして私たちは、これからも、教育の場として、君たちのめざすべき目標となるような大会をつくっていくことを誓う。

註
＊1　全国高等専門学校デザインコンペティション 2013 in 米子開催地委員会：5ページ註1参照。

建築資料研究社／日建学院の出版物

※金額は2014年3月現在の税別本体価格です。

- **建築基準法関係法令集** 建築資料研究社／日建学院 2800円
  定評ある「オレンジ本」の横書き版。建築士試験受験用、建築実務用として、また建築法規学習用として最適。
- **素顔の大建築家たち―弟子の見た巨匠の世界・01** 日本建築家協会 2300円
  吉阪隆正、大江宏、A・レーモンド、今井兼次、坂倉準三、堀口捨己、村野藤吾の素顔を描く。
- **素顔の大建築家たち―弟子の見た巨匠の世界・02** 日本建築家協会 2300円
  谷口吉郎、池辺陽、竹腰健造、久米権九郎、佐藤武夫、吉田五十八、吉村順三、前川國男の素顔とは？
- **近代建築を記憶する**（建築ライブラリー・16） 松隈洋 2800円
  前川國男を中心に、近代建築の核心部分を抽出する。現代建築が立ち戻るべき原点とは。
- **ライト、アールトへの旅**（建築ライブラリー2） 樋口清 2400円
  自然から学ぶ建築、人間が中心の建築。二人の巨匠が残した建築をじっくりと味わう。
- **フランク・ロイド・ライトの帝国ホテル** 明石信道＋村井修 3200円
  旧・帝国ホテルの「解体新書」。写真と実測図から、あの名建築が確かな姿で甦る。
- **ル・コルビュジエ 図面集　LE CORBUSIER PLANS impressions**（全8巻）
  エシェル・アン／ル・コルビュジエ財団 各2800円
  ル・コルビュジエ財団所蔵の約35,000点の資料から800点ちかい図面を厳選し、テーマ、プロジェクト別に構成。コルビュジエの創造の軌跡をたどる。vol.1住宅Ⅰ、vol.2住宅Ⅱ、vol.3集合住宅、vol.4ユニテ・ダビタシオン、vol.5インテリア、vol.6展示空間、vol.7祈りの空間、vol.8都市
- **アメリカの名作住宅に暮らす** 田中厚子＋村角創一 2400円
  ライト、ノイトラ、シンドラー、カーンなど20世紀住宅建築の名作を、「住む」という視点からとらえる。
- **UNDER CONSTRUCTION** 畠山直哉＋伊東豊雄 2800円
  「せんだいメディアテーク」誕生までの1000日間の記録。ヴェネツィア・ビエンナーレ金獅子賞コンビによる異色の写真集。
- **小さな森の家―軽井沢山荘物語** 吉村順三 2330円
  自らが語る名作のすべて。居心地がいい、とはどういうことか。巨匠が最晩年に到達した境地とは。
- **光の教会―安藤忠雄の現場** 平松剛 1900円
  名建築はこうして生まれた。ものづくりに賭けた人々の、苦難と感動の物語。大宅壮一ノンフィクション賞受賞。
- **五重塔のはなし** 濱島正士＋坂本功＋「五重塔のはなし」編集委員会 1900円
  現代に生きる伝統建築を、研究者・設計者・施工者らが分かりやすく解き明かす。
- **図説 日本の住まい―知っておきたい住宅設計の基本** 中山章 1500円
  いま住んでいる家は、どのような歴史を経て今日のような形になったのか。理解のための独自の枠組みを提示。
- **職人が語る「木の技」**（建築ライブラリー13） 安藤邦廣 2400円
  木伐り、炭焼き、木挽棟梁、宮大工、建具職人など木の文化を担ってきた職人の技を尋ね、文化の継承を訴える。
- **住まいを読む―現代日本住居論**（建築ライブラリー5） 鈴木成文 2300円
  住居計画学グループによる共同研究の成果をコンパクトに叙述。永く読み継がれる住居学の基本テキスト。
- **更新する家―リノベーション住宅大研究** 東京建築士会 2000円
  古い家を、新しく住む。中古住宅を楽しく快適な自分だけの家に変えるリノベのヒントを満載。

- **建築の今―17人の実践と展望** 建築の今編集委員会 1900円
  建築が今直面している問題に対し、第一線で活躍する専門家たちはどのように思考し行動しているのか？
- **早稲田建築学報**（年刊）早稲田大学建築学専攻/建築学科＋早稲田大学建築学研究所 1000円
  分野横断的な特集掲載のほか、学生の計画・論文優秀作品を紹介し、各研究室の現況を伝える。
- **トウキョウ建築コレクション Official Book**（年刊）トウキョウ建築コレクション実行委員会 2000円
  修士学生が企画・運営するイベントの記録集。設計・論文・プロジェクトを、広く社会に向けて発信する。
- **せんだいデザインリーグ 卒業設計日本一決定戦 OFFICIAL BOOK**（年刊）
  仙台建築都市学生会議＋せんだいメディアテーク 1714円
  もはや知らぬものはない建築系学生の一大イベントを詳細に再現する公式記録集。
- **建築設計資料**（シリーズ全110巻）3786〜3800円
  現代日本のあらゆるビルディングタイプをカバーし、完全特集形式で豊富な実作例を紹介する代表的シリーズ。
- **住宅建築**（隔月刊誌）2333円
  創刊39年、文化としての住まいを考える雑誌。現在、大学研究室のプロジェクト活動を伝える連載を掲載中。
- **コンフォルト**（隔月刊誌）1714円
  建築・インテリアから庭・エクステリアまで、デザインと素材を軸に毎号大型特集を組む、ストック型雑誌。

発行：建築資料研究社（出版部）http://www.ksknet.co.jp/book
〒171-0014東京都豊島区池袋2-38-2-4F Tel:03-3986-3239 Fax:03-3987-3256

建築資料研究社／日建学院の事業

資格講座
1級／2級建築士、1級／2級建築施工管理技士、建築設備士、宅建等、建築・土木・不動産分野を中心に多数開講しています。
〈合格実績〉 1級建築士：117,264人／212,708人
　　　　　　 2級建築士：164,442人／360,105人
※日建学院開講以来37年間の累計数。分子が当学院受講者、分母は全体数
現在全国約180の大学・高専等と提携し、初受験で1級建築士合格をめざす［アカデミック講座］を開講中！

法定講習等
1級／2級建築士定期講習、評価員講習会、監理技術者講習、宅建実務講習等のほか、各種機関・団体向けに様々な講習会を企画・運営中です。

出版
隔月刊誌『住宅建築』『コンフォルト』『庭』、シリーズ『建築設計資料』（全110巻）、年刊本『建築基準法関係法令集』『積算ポケット手帳』、そのほか建築実務家・学生向けの専門図書を中心に多数出版しています。

おかげさまで
45th 2014 Anniversary

学会と業界に貢献するために
株式会社 建築資料研究社 日建学院
0120-243-229（日建学院コールセンター）

株式会社建築資料研究社　東京都豊島区池袋2-50-1　受付：AM10:00〜PM5:00（土・日・祝日は除きます）

デザコン 2013 in 米子 official book
http:// デザコン.com

Collaborator:
［全国高等専門学校デザインコンペティション 2013 in 米子 開催地委員会］
実施統括責任者：玉井 孝幸、空間デザイン部門：西川 賢治・小椋 弘佳、構造デザイン部門：稲田 祐二・北農 幸生・景山 はじめ、環境デザイン部門：細田 智久・熊谷 昌彦、創造デザイン部門：高増 佳子・前原 勝樹、合同ディスカション：熊谷 昌彦、総務部門：山田 祐司、金澤 雄記、事務部門：矢田貝 俊一郎（米子工業高等専門学校）
／全国高等専門学校 3 次元ディジタル設計造形コンテスト：西村 太志（徳山工業高等専門学校）

米子工業高等専門学校 学生：放送部、写真同好会

Editorial Director: 鶴田 真秀子（あとりえP）
Designer (Cover): 酒井 博子（coton design）
Art Director & Designer: 藤田 知史
DTP Operator: 鶴野 大樹、笹岡 紳一（トゥエンティフォー）
Photographer: 萱野 雄一、山崎 登、赤山 修、徳丸 正巳
Editorial Associates: 髙橋 美樹、戸井 しゅん

Producer: 種橋 恒夫（建築資料研究社）
Publisher: 馬場 栄一（建築資料研究社）

Special Thanks to the persons concerned

全国高等専門学校デザインコンペティション
デザコン 2013 in 米子 オフィシャルブック

一般社団法人全国高等専門学校連合会・独立行政法人国立高等専門学校機構 編

2014 年 4 月 1 日　初版第 1 刷発行

発行所：株式会社建築資料研究社
〒 171-0014　東京都豊島区池袋 2-38-2-4F
Tel.03-3986-3239　Fax.03 3987 3256
http://www.ksknet.co.jp

印刷・製本：シナノ印刷株式会社

Ⓒ一般社団法人全国高等専門学校連合会・独立行政法人国立高等専門学校機構
2014 Printed in Japan
ISBN978-4-86358-285-9